# Die schönsten Radtouren in Nordfriesland

Horst-Dieter Landeck

# Die schönsten **Radtouren** in **Nordfriesland**

Nordfriesisches Festland
Halbinsel Eiderstedt
Sylt · Föhr · Amrum · Pellworm

BOYENS

Die Touren sind vom Autor festgelegt und abgefahren worden. Autor und Verlag können aber keine Gewähr dafür übernehmen, falls es in den Orten und in der Landschaft die eine oder andere Veränderung gegeben hat.

BOYENS
BUCHVERLAG

ISBN 978-3-8042-1546-7


Gestaltung, Fotos und Karten:
Horst-Dieter Landeck
Druck: Druckzentrum Neumünster GmbH

Printed in Germany

# Inhalt

# Inhalt

# Vorwort

Nordfriesland ist wegen seiner abwechslungsreichen Landschaften bei Radwanderern beliebt. Die flache Marsch mit eingedeichten Kögen, die scheinbar unendliche Sandbank vor St. Peter-Ording, die Geest mit dem 42 m hohen Stollberg oder die Inseln und Halligen, jede Landschaft hat ihren eigenen unverwechselbaren Charakter. Besonders beliebt sind Radtouren auf den Treibelwegen zwischen Deich und Wattenmeer sowie Tagestouren auf den Inseln. Ob zwischen Dünen und Heideflächen auf Sylt, dem über 140 km langen Radwegenetz auf Föhr, in den Kiefernwäldern und den scheinbar unendlichen Dünen auf Amrum oder am Deich rund um die „Grüne Insel" Pellworm, überall erwarten die Radwanderer erlebnisreiche Touren.
Ob sich die Radwanderer für die herrliche Landschaft, für das Noldemuseum mit dem zauberhaften Garten, für Museen, Kirchen oder frühgeschichtliche Zeugnisse interessieren, mit diesem praktischen Radwanderführer kommt jeder auf seine Kosten. Auf Sehenswertes am Wegesrand wird vor jeder Tourenbeschreibung hingewiesen. Das Kartenmaterial mit den einzelnen Touren enthält alle wichtigen Informationen mit Kilometer- Angaben.
Dieser Radwanderführer beschreibt 20 Radtouren zwischen 18 und 50 km Länge. Radwanderer werden auf den schönsten Wegen des gut ausgebauten und ausgeschilderten Radwegenetzes geführt. Der Nordseeküstenradweg, der das Land von der dänischen Grenze im Norden bis zum Eidersperrwerk im Süden durchquert, führt rund um Nordstrand und durch Eiderstedt. Er verläuft auf weiten Strecken auf den Treibelwegen (auf der seeseitigen Deichseite) und wird auf einigen Abschnitten in die Rundtouren einbezogen.
Das Format dieses Radführers ist so gewählt, dass er in das Kartenfach der meisten Lenkertaschen passt. Wobei Taschen mit aufklappbarem Kartenfach den Vorteil bieten, dass man zwei Buchseiten gleichzeitig sehen kann.
Die Karten sind im Maßstab von ca.1:80 000 gezeichnet und enthalten alle wichtigen Informationen. Auf den Karten sind zur besseren Orientierung die km-Angaben eingezeichnet.
Empfehlenswerte Übersichts- und Detailkarten sind im Kommunalverlag Tacken erschienen und im Buchhandel sowie in einigen Tourismusbüros erhältlich. Auf den Inseln halten die örtlichen Tourist-Informationen Inselkarten bereit.

# Wege und Ausschilderung

Meistens verlaufen die Strecken auf wenig befahrenen Nebenstraßen oder auf gut ausgebauten Wirtschaftswegen (Spurplattenwege), teilweise auch auf fahrbahnbegleitenden Radwegen der Kreis- und Landesstraßen. Die Qualität des Bodenbelages der Wege ist auf den beschriebenen Strecken unterschiedlich. Von Graswegen (selten) über Kieswege bis zu gut asphaltierten Radwegen ist alles anzutreffen. Eine Besonderheit stellen die Treibelwege auf der seeseitigen Deichseite dar. Diese Wege können bei sehr hohen Wasserständen überflutet werden. Angespültes Treibgut und die Hinterlassenschaften der Schafe können diese Wege zeitweise verschmutzen. Das Befahren geschieht auf eigene Gefahr!

Die Beschilderung besteht aus einem System von Armwegweisern mit Orts- und km-Angaben sowie Richtungspfeilen mit Fahrrad-Symbol. Die Armwegweiser stehen an Knotenpunkten wie Routenabzweigungen und Kreuzungen. Zwischen Bredstedt, der Hamburger Hallig und Schlüttsiel sind um den Stollberg fünf Erlebnistouren ausgeschildert. Auch auf Amrum und Föhr gibt es ein eigenes Wegweiser-System. So sind auf Föhr 144 km Radwege mit sechs verschiedenen Touren ausgewiesen.

Der Nordseeküsten-Radweg führt über 6000 km von Norwegen über Schweden, Dänemark, Schleswig-Holstein, Niedersachsen, Niederlande, England und Schottland um die gesamte Nordsee. Er führt von der dänischen Grenze im Norden bis zum Eidersperrwerk im Süden durch Nordfriesland und bezieht Nordstrand und Eiderstedt mit ein.

## Kartenlegende

- Bundes- und Landesstraßen
- Kreis- und sonstige Straßen
- Feld- und Waldwege
- beschriebene Radtour
- Deich
- Nordseeküsten-Radweg
- Bahnlinie
- Wasserlauf
- Kartenanschluss
- Waldflächen
- unbebaute Flächen
- bebaute Flächen
- Watt-/Wasserflächen
- 24,1 km-Angabe ab Ausgangspunkt der beschriebenen Tour
- Kirche
- Schloss
- Windmühle
- Badestelle
- Leuchtturm

**Beschreibung der Tour**

Zur besseren Übersicht und zur schnelleren Orientierung sind alle km-Angaben, die sich auf den Karten befinden, in der Wegbeschreibung hervorgehoben: 9,2. Alle Straßennamen sind kursiv geschrieben *(Haffstraße)*, alle Namen der Orte, durch die die Tour führt, sind in **blauer Schrift** gedruckt, und alle Sehenswürdigkeiten sind in ***blauer Kursiv-Schrift*** hervorgehoben. Weiterhin weist ein **A** im Text auf Gefahrenstellen hin.

# Tour 1

**Ausgangspunkt:**
Bahnhof in **Westerland**

**Tourverlauf:**
Westerland – Wenningstedt – Kampen – Ellenbogen – List – Kampen – Braderup – Westerland

**Auskunft:**
Insel Sylt Tourismus-Service GmbH
Strandstraße 35
25980 Sylt/Westerland
Tel.: 0 46 51 - 99 80
E-Mail: urlaub@insel-sylt.de
www.insel-sylt.de
Öffnungszeiten:
Mo – Do 9 – 15 Uhr, Fr 9 – 13 Uhr

**Gesamtlänge der Tour: 45,1 km**

## Zwischen Dünen, Heide und Wattenmeer

### Westerland – Kampen – List – Kampen – Braderup – Westerland

Von Westerland führt die Tour nach Wenningstedt. Dort radeln wir an der Großsteinkammer Denghoog vorbei und erreichen wenig später den Radweg auf der ehemaligen Kleinbahntrasse. Weiter geht es durch eine herrliche Heide- und Dünenlandschaft mit zahlreichen Strandübergängen bis zur Abzweigung zum Weststrand in List. Dort verlassen wir die ehemalige Kleinbahntrasse und radeln an den beeindruckenden Wanderdünen vorüber zum Ellenbogen. Hier lohnt sich ein Abstecher auf der ca. 5 km langen Privatstraße zur Ellenbogenspitze.
Die Rückfahrt von List führt uns auf der Kleinbahntrasse nach Kampen. Von dort radeln wir auf der Wattseite durch das Naturschutzgebiet Braderuper Heide nach Westerland.

## Unterwegs entdecken

**Wanderdünen in List**
Die beiden Wanderdünen sind bis zu einem Kilometer lang und bis zu 35 Meter hoch. Durch den ständigen Wind wandert der Sand zwischen drei und fünf Meter im Jahr nach Osten.

**Braderuper Heide**
Das Naturschutzgebiet mit dem Weißen Kliff besteht aus Dünen und Heideflächen. Auf dem Wattenmeerweg und auf Holzstegen kann das Gebiet durchwandert werden.
Vom Naturzentrum in Braderup werden Führungen angeboten.

**Leuchttürme**
Zwischen Wenningstedt und Kampen führt die Tour unweit des schwarz-weiß-geringelten Leuchtturms „Rotes Kliff" vorüber. Er ist der älteste Leuchtturm der Insel und wurde 1855 erbaut. Aus 45 Metern Höhe sendet er sein Licht etwa 40 Kilometer aufs Meer hinaus. Zwei Jahre später folgten die beiden Leuchttürme am Ellenbogen in List.

**Denghoog**
Die ca. 5000 Jahre alte Steinkammer am Ortsrand von Wenningstedt ist die größte begehbare Steinkammer in Schleswig-Holstein. Der Eingang ist so nach Süden ausgerichtet, dass die Sonne zur Wintersonnenwende durch den Eingang scheint und den „Spiegelstein" in der Kammer anstrahlt.

**Kampener Vogelkoje**
Ehemalige Entenfanganlage mit restauriertem Kojenwärterhaus.

# Tour 1

## Westerland – Kampen – List – Kampen – Braderup – Westerland

Ausgangspunkt ist der Bahnhofsvorplatz in **Westerland** 0,0. Hier halten wir uns links, queren an der Ampel die Straße und schieben das Rad durch die Fußgängerzone *Friedrichstraße*, Westerlands „Einkaufsmeile". Nach 500 m biegen wir rechts in die *Andreas-Dirks-Straße* ein (Richtung Touristinformation).

**Alternative:** Vom Bahnhofsvorplatz 0,0 gehen wir links am Bahnhof vorbei in Richtung ZOB. Zwischen Taxistand und ZOB schwenken wir nach rechts, queren die Straße *Twift* an der Ampel, fahren geradeaus in die *St.-Nikolai-Straße* 0,1, biegen an der ersten Kreuzung links in die *Maybachstraße* ein 0,3 und schwenken nach 100 m rechts in die *Kapitän-Christiansen-Straße*. Auf dieser fahren wir

geradeaus, queren die *Schützenstraße*, weiter geradeaus in die Sackgasse und biegen direkt vor dem Strandaufgang rechts ab. Von der *Dünenstraße* 1,2 biegen wir rechts in die *Margaretenstraße* ein, gleich darauf links in die *Marienstraße*, queren (**A** absteigen) die Fußgängerzone *Friedrichstraße* 1,3 und fahren geradeaus auf der *Andreas-Dirks-Straße* in Richtung Touristinfo.

Ab hier fahren wir geradeaus am Syltness Center vorüber, halten uns anschließend 0,8 halb links (Fuß-/Radweg) und schwenken nach 100 m links. Vor den Dünen halten wir uns rechts, biegen links in den Fuß-/Radweg *Westerhörn* ein, folgen nach 100 m der *Lornsenstraße* und kommen an drei Strandübergängen vorbei. Am Strandübergang *Rote-Kreuz-Straße* 1,7 fahren wir vor dem Fußweg einen Links-rechts-Schwenk zum Radweg, passieren einen weiteren Strandübergang 2,2 und fahren an der Abzweigung zum Friedrichshain 2,3 geradeaus.

Nach 300 m halten wir uns an der Abzweigung links und radeln weiter auf dem *Lornsenweg* an der Nordseeklinik 2,8 und einem weiteren Strandübergang vorüber. An der nächsten Kreuzung 3,0 fahren wir geradeaus (links geht es zum Strand), ebenso an der Abzweigung nach Sylt-Ost 3,3 und erreichen **Wenningstedt** auf der Straße *Seedüne*. Wir queren die *Seestraße* 3,5 und gelangen in der folgenden Rechtskurve 3,8 in die Straße *Hochkamp*. Nach 100 m schwenken wir links in die *Dünenstraße*, kommen am ***Kurhaus*** 4,2 vorbei, queren die *Strandstraße* und fahren bei 4,5 geradeaus auf der *Dünenstraße*.

An der T-Kreuzung 4,7 schwenken wir nach rechts ins *Dünental*, folgen den Radwegweisern, biegen an der nächsten Querstraße links in die *Westerstraße* und nach wenigen Metern rechts in den *Lerchenweg* ein. Bei 5,0 schwenken wir links in die Straße *Am Dorfteich*, nach 100 m rechts in die Straße *Bi Kiar* und an der ***Friesenkapelle*** links in die Straße *Am Denghoog* 5,3. Nach 100 m liegt linker Hand das ***Großsteingrab Denghoog***.

Anschließend fahren wir geradeaus in den Weg *Osetal*, biegen an der T-Kreuzung 5,8 rechts in den *Norderweg* ein und nach 100 m links in den breiten Radweg, der auf der alten Kleinbahntrasse verläuft.

Wir queren die Straße zum Campingplatz 6,8 (Strandübergang) und kommen am Fußweg zur ***Uwe-Aussichtsdüne*** 7,2 vorüber. Bei 7,5 queren wir die *Kurhausstraße*, fahren am Weg zum Strand und zur Aussichtsplattform vorüber und erreichen die Abzweigung 8,3, an der wir auf der Rückfahrt zur Wattseite abbiegen werden. Nun radeln wir geradeaus zwischen Dünen hindurch und folgen dem breiten Sandweg, auf dem früher die Kleinbahn fuhr. Wir kommen an vier Strandübergängen (Nr. 26 bis 23) vorüber, passieren bei 12,0 eine Zufahrtsstraße und radeln am Nordsee-Erholungsheim Klappholttal vorbei. Bei 14,3 verlassen wir die ehemalige Kleinbahntrasse und fahren weiter geradeaus. Auf der Rückfahrt treffen wir hier wieder auf diesen Weg. Nach 200 m schwenken wir links in die Straße zum Weststrand und zum Ellenbogen (A kein Radweg). Die Straße führt durch die weite Dünenlandschaft mit Blick auf die ***Wanderdünen***. A An der Abzweigung zur Weststrandhalle 19,0 beginnt der Radweg am Ende des Parkplatzes auf der linken Fahrbahnseite. Nach weiteren 300 m erreichen wir die Abzweigung der Privatstraße zum ***Ellenbogen***.

**Abstecher:** Links in die für Kfz gebührenpflichtige Straße (Radfahrer frei) einbiegen. Die 5,2 km lange Privatstraße führt auf dem Ellenbogen an Strandübergängen, dem Königshafen sowie den beiden Leuchttürmen vorbei. Am Ende der Strecke gibt es einen 1,4 km langen Wanderweg um die Ellenbogenspitze. Vorsicht: Wer am Ellenbogen baden möchte, achte auf die Badeverbote wegen der starken Strömung.

Vor der Jugendherberge 20,2 wechselt der Radweg auf die rechte Fahrbahnseite. Bei 20,8 queren wir mit einem Links-rechts-Schwenk die Straße und radeln auf der Deichkrone weiter. Der etwas holprige Teerweg auf dem Deich ist mit grobem Steinbelag durchsetzt, führt aber direkt an der Wattkante und am Naturschutzgebiet ***Lister Koog*** entlang. Wo der Teerweg in einen Sandweg übergeht 22,9, biegen wir rechts ab, nach 100 m an der nächsten T-Kreuzung links, halten uns an der folgenden Weggabelung noch mal links 23,3, fahren vor der Wattenmeer-Station in **List** einen Links-rechts-Schwenk, kommen am Parkplatz vorüber 23,9 und erreichen den Platz am Hafen mit der bekannten „Fischbude". Hier schieben wir das Rad geradeaus über den Platz, schwenken vor der Zufahrt zur Sylt-Fähre nach rechts und biegen vor dem Kreisverkehr links in den fahrbahnbegleitenden Radweg der *Hafenstraße* ein 24,1.

Wir radeln an der Skulpturengalerie 24,5 und am spitzen Turm der katholischen Kirche, der einer Bake ähnelt, vorüber, folgen der S-Kurve und fahren an der Tankstelle *(Listlandstraße)* 24,8 geradeaus. An der Kreuzung zum Weststrand queren wir die Straße an der Ampel und folgen dem Radweg geradeaus Richtung Kampen. Bei 25,3 biegen wir vor dem Fußweg mit einem Links-rechts-Schwenk in den Radweg ein. Anschließend queren wir die Straße *Mannemorsumtal* 25,9 und radeln durch eine beeindruckende Dünen- und Heidelandschaft. Rechter Hand erhebt sich hinter einer Heidefläche wieder die ***Wanderdüne*** 26,3. Nachdem wir die Straße *Mellhorn* passiert haben, überqueren wir an der Ampel die Kreisstraße 118 28,5 und radeln die folgenden 6 km auf der gleichen Strecke wie auf der Hinfahrt, nur in umgekehrter Richtung. Am Strandübergang Nr. 26 33,6 geht der Weg in einen Asphaltweg über. Wir passieren noch den Strandübergang am kleinen Leuchtturm 34,3, biegen nach 150 m links ab und queren **A** die *Lister Straße* 34,6. Vor der Straße *Diksteg* biegen wir links in den fahrbahnbegleitenden Radweg ein, schwenken nach weiteren 200 m rechts in den Sandweg *Grönning* und fahren am Naturschutzgebiet Nielönn Sylt entlang.

Nach 400 und 600 m passieren wir jeweils eine Schranke und radeln geradeaus. Auch an der Abzweigung eines Sandweges 35,5 fahren wir geradeaus, halten uns an der nächsten Weggabelung 36,1 rechts und fahren an der Schranke vor dem Fennenweg geradeaus. Anschließend kommen wir an einem Holzsteg 36,6 zum Wattenmeer vorüber und erreichen das Naturschutzgebiet ***Braderuper Heide***. Der Radweg führt zwischen Schilf und Heckenrosen hindurch und gibt immer wieder den Blick aufs Wattenmeer frei.

An der T-Kreuzung 37,3 (rechts geht es zum Café Kupferkanne) halten wir uns links, folgen dem Wattwanderweg, kommen bei

37,8 am Fußweg zum Leuchtturm vorüber und passieren eine Badestelle 38,8 (A neben dem Rad/Fußweg verläuft ein Reitweg). Schließlich entfernt sich der Weg 39,0 vor dem ***Weißen Kliff*** mit einer leichten Rechtsbiegung von der Wattkante, kreuzt einen Fußweg 39,2 und mündet in **Braderup** 39,5 in eine Asphaltstraße. Hier schwenken wir nach links, folgen an der nächsten Abzweigung 39,8 der weiten Rechtskurve der Straße *Eske Wai* und biegen an der T-Kreuzung vor einem Parkplatz 40,0 rechts in die Straße *Üp de Hiir* ein (links führt ein Fußweg teilweise über Holzstege durch die Heidelandschaft zum Kliff). Wir fahren geradeaus bis zur Vorfahrtstraße *M.-T.-Stich*, queren diese A, biegen links in den fahrbahnbegleitenden Radweg ein, kommen am ***Naturzentrum Braderup*** 40,4 vorbei und verlassen den Ort. Bei 40,5 biegen wir rechts in den schmalen (für Kfz gesperrten Weg) nach Westerland ein, fahren an der folgenden Abzweigung 41,4 geradeaus und kommen am Golfplatz und Flughafengelände vorüber. Mit einem Links-rechts-Schwenk überqueren wir auf einer Brücke die Straße nach Westerland 42,1 und schwenken anschließend links in den Radweg. In **Westerland** 43,4 radeln wir an der Kreuzung Bahnweg geradeaus über die Kreuzung in den Radweg zur Straße Sjipwai und auf dieser immer weiter geradeaus bis zur T-Kreuzung *Munkmarscher Chaussee* 44,2. Dort biegen wir rechts ab, fahren an der Abzweigung nach Sylt-Ost 44,4 geradeaus Richtung Bahnhof und kommen in einer S-Kurve an der ***Dorfkirche*** St. Niels vorbei 44,6. Nach der S-Kurve geht die Straße in den *Kirchenweg* über. Diesem folgen wir, biegen an der T-Kreuzung *Keitumer Chaussee/Kirchenweg* 44,9 rechts ab (weiterhin Kirchenweg), queren die *Kjeirstraße* 45,0 und erreichen wieder unseren Ausgangspunkt am Bahnhof in **Westerland**.

# Tour 2

**Ausgangspunkt:**
Bahnhof in **Westerland**

**Tourverlauf:**
Westerland – Tinnum – Keitum – Morsum – Archsum – Rantum – Westerland

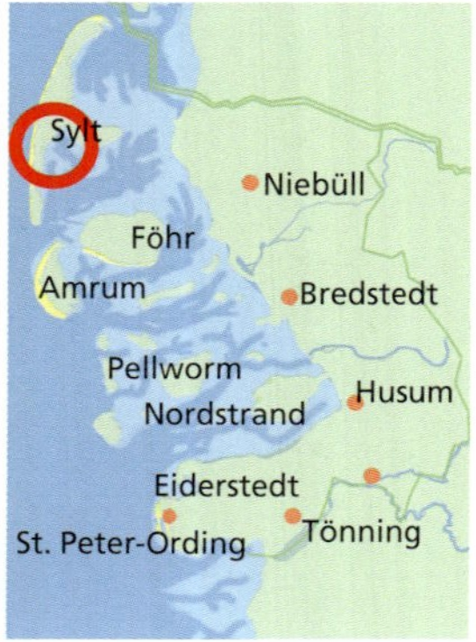


**Abstecher:** Von Rantum zur Südspitze der Insel nach Hörnum **(26 km)**

**Auskunft:**
Insel Sylt Tourismus-Service GmbH
Strandstraße 35, 25980 Sylt/Westerland
Tel. 0 46 51-99 80
E-Mail: urlaub@insel-sylt.de
www.insel-sylt.de
Öffnungszeiten:
Mo – Do 9 – 15 Uhr, Fr 9 – 13 Uhr

**Gesamtlänge der Tour: 40,5 km**

## Rotes Kliffgestein und Vogelparadies

**Westerland – Tinnum – Keitum – Morsum – Archsum – Rantum – Westerland**

**Abstecher: von Rantum zur Südspitze nach Hörnum**

Im Gegensatz zur Westseite mit seinen Dünen besteht der Ostteil der Insel aus einer Marschlandschaft mit grünen Weiden. Auf dieser Tour kommen wr an zahlreichen sehenswerten Orten vorbei. Von Westerland führt die Tour zur 2000 Jahre alten Wallanlage Tinnumburg.

Keitum weist mit der Kirche St. Severin, Heimatmuseum, Altfriesischem Haus, frühgeschichtlichem Hügelgrab Tipkenhoog und umgesetztem Riesenbett Harhoog gleich etliche Sehenswürdigkeiten auf. Anschließend radeln wir weiter zum Morsum-Kliff, das mit seinem farbigen Gestein einen unvergesslichen Anblick bietet. In Morsum kommen wir an der Kirche St. Martin vorüber, bevor wir um das Rantum-Becken radeln, an dem man besonders im Frühjahr und Herbst riesige Vogelschwärme beobachten kann.

Der Abstecher führt durch den schmalen Südteil der Insel an der Dünenkette entlang nach Hörnum. Auf der Strecke laden zahlreiche Badestellen zu einer Pause ein. Vom Hafen in Hörnum werden Schiffsausflüge nach Föhr, Amrum, zur Hallig Hooge und zu den Seehundsbänken angeboten.

## Unterwegs entdecken

**Tinnumburg**

Die mächtige Ringwall-Anlage mit 120 Metern Durchmesser stammt aus der Zeit um Christi Geburt. Sie diente vermutlich ursprünglich als Verteidigungsanlage, später wahrscheinlich als Kultstätte.

**Sylter Heimatmuseum**

Das Museum mit den Walknochen vor dem Eingang beheimatet eine umfangreiche historische Sammlung von Trachten, Fliesen und antiken Möbeln. Auch zahlreiche Funde aus den Hügelgräbern der Insel werden hier gezeigt.

**Altfriesisches Haus**

Hier wurde die Wohnkultur des 18. Jahrhunderts originalgetreu restauriert.

**Kirche St. Severin zu Keitum**

Die romanische Kirche entstand vor etwa 800 Jahren und gilt als das schönste Gotteshaus auf Sylt.

**Kirche St. Martin zu Morsum**

Der weiß getünchte Feldsteinbau ist die älteste Kirche auf Sylt. Sehenswert sind der Altar und der Weihestein, der zeitweise als Regentonne vor der Kirche stand.

**Morsum-Kliff**

Das imposante Kliff offenbart zehn Millionen Jahre Erdgeschichte. Bis zu 21 Meter ragt das rotbraune und weiße Gestein aus dem Meer auf.

## Westerland – Tinnum – Keitum – Morsum – Archsum – Rantum – Westerland

### Abstecher: von Rantum zur Südspitze nach Hörnum

Ausgangspunkt ist der Bahnhofsvorplatz mit den windschiefen grünen Figuren in **Westerland** 0,0. Von dort gehen wir links am Bahnhof vorbei in Richtung ZOB. Zwischen Taxistand und ZOB schwenken wir nach rechts, queren die Straße *Twift* an der Ampel und schwenken vor der Einmündung der *St.-Nikolai-Straße* links in den fahrbahnbegleitenden Radweg. Wir kommen an der DB-Autoverladung 0,4 vorüber und biegen gleich darauf links in die *Tinnumer Straße* ein. Bei 0,7 schwenken wir vor der Kirche rechts in den *Jap-Peter-Hansen-Wai* ein und folgen dem Radwegweiser zur Tinnumburg, fahren nach

100 m geradeaus in den Fuß-/Radweg, queren den *Deichweg*, radeln weiter geradeaus am Tennisplatz in die Sackgasse (schmaler Asphaltweg) und kommen an Kleingärten vorüber. An der Abzweigung *Halemdüür* fahren wir ebenfalls geradeaus, biegen gleich darauf links in den *Strönwai* ein **1,5** und folgen dem Radwegweiser nach Sylt-Ost. Nachdem wir eine schmale Brücke **1,8** passiert haben, kommen wir am Zugang zur ***Tinnumburg***, einer etwa 2000 Jahre alten Wallanlage vorüber.

Bei **2,1** queren wir den *Koogweg*, fahren geradeaus weiter auf dem *Strandweg*, biegen neben dem Campingplatz rechts in den *Ziegeleiweg* **2,4** ein und schwenken nach 50 m links in die Straße *Südhörn* (Radwegweiser nach Keitum). An der Kreuzung *Ringweg* **2,8** fahren wir geradeaus, biegen an der T-Kreuzung links in die Straße *Ostertresker* ein **3,0**, fahren an der Abzweigung *Dirksstraße* geradeaus **3,2** und schwenken mit einer Rechtskurve **3,3** in den *Eibenweg*, der neben der Bahntrasse verläuft. Bei **3,6** queren wir den *Ingewai* neben dem Bahnübergang, folgen dem Radwegweiser nach Keitum geradeaus in den Sandweg. Nachdem sich der Weg mit einer leichten Rechtsbiegung von der Bahntrasse entfernt hat **3,8**, radeln wir an einem Hügelgrab aus der Frühgeschichte der Insel **4,7** vorüber, biegen nach 100 m an der Asphaltstraße links nach Keitum ab.

Mit einer Linksbiegung **5,2** schwenken wir in die Straße *Siidek*, queren die K 117 **5,3**, schwenken links in den fahrbahnbegleitenden Radweg, überqueren den Bahnübergang und biegen bei **6,1** rechts Richtung **Kampen** ab und gegenüber des Parkplatzes (mit WC) links in Richtung Munkmarsch/Wenningstedt. An der Abzweigung Archsum/Morsum radeln wir vorüber und erreichen auf der *Munkmarscher Chaussee* die ***Kirche St. Severin*** **7,1**. Direkt vor der Kirche biegen wir rechts in die Einbahnstraße ein. Ein Besuch der Kirche, deren Turm den Seefahrern lange Zeit als Landmarke diente, gehört zum „Pflichtprogramm" einer Inselrundtour. Anschließend schwenken wir am Ende der Einbahnstraße nach rechts in den *Kirchenweg* und folgen dem Radwegweiser zum Altfriesischen Haus und Heimatmuseum. An der Abzweigung *Pröstwai* sowie an der Kreuzung *Hoyerstich* fahren wir geradeaus, schwenken bei **8,1** links in den *Uwe-Jens-Lornsen-Wai* (Radwegweiser zum Altfriesischen Haus). Vor dem ***Altfriesischen Haus*** **8,2** schwenken wir nach rechts. Ab hier schieben wir das Rad (Einbahnstraße in entgegengesetzte Richtung) und erreichen gleich darauf das ***Heimatmuseum*** mit den beiden Walknochen vor dem Eingang.

Am ***Heimatmuseum*** biegen wir rechts in den Museumsweg ein, an der nächsten Querstraße links in die *C.-P.-Hansen-Allee*, queren den *Weidemannsweg* und schwenken an der nächsten Kreuzung halb rechts in die Straße *Am Tipkenhoog*. Anschließend kommen wir am ***Hügelgrab Tipkenhoog*** 9,1 und am umgesetzten ***Riesenbett Harhoog*** aus der jüngeren Steinzeit vorüber. Bei 9,4 folgen wir der Rechtskurve des Asphaltweges.

**Alternative:**

Bei trockener Witterung können wir links in den Sandweg einbiegen und diesem unebenen, aber landschaftlich schönen Weg an Watt und Salzwiesen entlang bis zum Ortsrand von Morsum fahren, dort rechts in den *Heefwai* und an der Straße *Gurtmuasem* links abbiegen. Hier treffen wir wieder auf die beschriebene Strecke bei 12,7.

Wir biegen an der nächsten T-Kreuzung 9,6 links in Richtung Morsum ab, an der folgenden T-Kreuzung 11,2 rechts und schwenken vor dem Bahndamm links in den Sandweg. Bei 11,8 halten wir uns an der Asphaltstraße vor dem nächsten Bahnübergang links, radeln auch am folgenden Bahnübergang 12,3 vorbei (nicht überqueren) und erreichen **Morsum** 12,7. An der Einmündung der Straße *Heefwai* trifft der Sandweg (Alternative Strecke) wieder auf die beschriebene Strecke.

Wir fahren an der Abzweigung *Gurtmuasem* 13,3 weiter geradeaus auf der Straße *Ruar Ört* in Richtung Morsum-Kliff, vor der Eisenbahnbrücke ebenfalls geradeaus in die Straße *Üp Klef* 13,5, radeln nach 100 m noch mal geradeaus in den breiten Sandweg, queren eine Asphaltstraße 14,1 und erreichen den Parkplatz *Nösse* am ***Morsum-Kliff*** 15,0.

Ein Fußweg führt teilweise auf Holzstegen durch Heidelandschaft zum ***Morsum-Kliff***, das mit seinem weißen und rotbraunen Gestein besonders in der Abendsonne einen unvergesslichen Anblick bietet.

Vom Parkplatz fahren wir auf der Asphaltstraße *Nösistig* nach **Morsum** und schwenken links über die Eisenbahnbrücke 15,9. Anschließend biegen wir an der ersten Abzweigung links in die Straße *Zum Wäldchen* ein, radeln an der Kreuzung 16,5 geradeaus und durchqueren ein Waldstück. Vor einem einzelnen Haus 17,7 biegen wir rechts in einen Wirtschaftsweg ein, folgen den scharfen Rechtsbiegungen 17,9 und 18,8 und kommen am Golfplatz vorüber. Bei 19,5 schwenken wir an der Kreuzung nach links in die Straße *Uasterhörn*, nach 400 m rechts in die Straße *Haawerlön* und fahren immer geradeaus bis ***St. Martin*** 21,1. Sie ist die älteste Kirche auf der Insel mit sehenswertem Altar, Taufbecken und Weihestein aus dem 11. Jh. Anschließend radeln wir geradeaus weiter, biegen an der T-Kreuzung links in den *Serkwai* ein, fahren an der Abzweigung bei 21,4 vorbei und biegen an der Kreuzung *Gungwai* 21,8 rechts ab.

Wir fahren an der Kreuzung bei 22,5 (zum Campingplatz) geradeaus, ebenso an der Einmündung der Straße *Dikwai* 22,9, verlassen nach wenigen Metern die Asphaltstraße und fahren weiter geradeaus in den Sandweg. Bei 23,9 treffen wir wieder auf eine Asphaltstraße, fahren einen Rechts-links-Schwenk und kommen an den ersten Häusern von **Archsum** 24,6 vorüber. An der nächsten Kreuzung biegen wir links in die Straße *Uaster Reeg* 24,7 ein, die nach 100 m in der Rechtskurve in *Melenknog* übergeht, und schwenken bei 25,0 an der Kreuzung links in den *Deichweg*. Nachdem wir die Brücke 25,2 über die *Tjuls-Wehle* passiert haben, biegen wir in den ersten Weg 25,4 rechts ein, passieren ein Gatter 26,2 und schwenken vor dem Deich nach rechts. An der Abzweigung nach Keitum passieren wir ein weiteres Gatter 27,3, fahren weiter am Deichfuß entlang und kommen am Schöpfwerk 27,5 vorüber, in dem die Schutzstation Wattenmeer eine Außenstelle unterhält. In unmittelbarer Nähe liegen hier zwei ***Steinzeitgräber*** vor dem Deich im Wattenmeer. Bei 29,2 folgen wir dem Weg zur Deichkrone hinauf, biegen an der Wegkreuzung links ab und fahren auf dem Außendeich am NSG ***Rantum-Becken*** entlang. In dem Flachwasserbecken können zahlreiche Vogelarten beobachtet werden, und zur Zeit des Vogelzuges im Frühjahr und Herbst rasten riesige Vogelschwärme auf dem flachen Wasser.

Wir passieren auf dem Deich ein Gatter, kommen an der Pumpstation vorüber und biegen an dem kleinen ***Sportboothafen*** 33,4 rechts ab. Am Hafenkiosk mit Fischräucherei in **Rantum** radeln wir vorbei, umfahren mit einer Links- und Rechtsbiegung das Gelände der Sylt-Quelle, fahren an der Kreuzung zu den Erholungsheimen geradeaus und queren **A** die *Rantumer Straße* 34,4.

**Abstecher:**
Wer noch den Südteil der Insel kennen lernen möchte, biegt hier links ab Richtung Rantum/Hörnum. Die Streckenbeschreibung finden Sie am Ende dieser Tour auf Seite 27.

Nach Westerland biegen wir rechts ab in den fahrbahnbegleitenden Radweg, verlassen **Rantum** 34,4, radeln an drei Strandübergängen 34,9 36,2 36,6 und an der Abzwei-

gung zur **_Eidum-Vogelkoje_** 36,7 vorbei. Mit einem Links-rechts-Schwenk 37,5 wechseln wir am nächsten Strandübergang auf den Radweg zum Kurzentrum und erreichen bei 38,3 **Westerland**. Auf dem *Fischerweg* 39,2 fahren wir am Parkplatz und dem dahinter liegenden **_Sylt-Aquarium_** vorüber, verlassen am Ende des Parkplatzes den Radweg und biegen rechts in die Straße *Gaadt* ein 39,4. Bei 39,8 schwenken wir links in die *Süderstraße*, nach 400 m rechts in die *St.-Nikolai-Straße*, erreichen bei 40,4 die Straße *Trift*, überqueren diese an der Ampel, schwenken nach links und erreichen wieder unseren Ausgangspunkt am Bahnhof.

**Abstecher von Rantum durch den Südteil der Insel nach Hörnum (26 km)**

An der Zufahrt zur Sylt-Quelle queren wir die Vorfahrtstraße und schwenken links in den fahrbahnbegleitenden Radweg. In **Rantum** queren wir an der Abzweigung *Dik Wai* mit einem Links-rechts-Schwenk die *Hörnumer Straße* an der Ampel und folgen nun dem Radweg neben der *Alten Dorfstraße*. Wir queren die *Strandstraße*, fahren weiter auf dem Fuß-/Radweg, der am Ortsrand von **Rantum** in einen Sandweg übergeht. Auf der alten Kleinbahntrasse führt der Weg zwischen Dünen hindurch, die immer wieder den Blick aufs Wattenmeer freigeben. Auf einer kurzen Strecke kommt der Weg noch mal dichter an die *Hörnumer Straße*, führt anschließend um den Burgberg, durch das Burgtal, das Wassertal und kommt an einem Strandzugang auf der Wattseite vorüber. Anschließend passieren wir die Strandübergänge Sansibar (Nr. 71) und am Loran Sendemast (Nr. 72), queren die schmale Asphaltstraße zum Erholungsheim Puan Klent und erreichen **Hörnum**. In **Hörnum** queren wir die *Norderstraße* (Zugang zum Wattwanderweg), die *Berliner Straße*, fahren an der Schutzstation Wattenmeer mit ***Naturschutz-Infozentrum*** vorüber, folgen der Linksbiegung zum ***Hafen*** und erreichen diesen nach weiteren 400 m.

Am Zugang zum Strand (neben dem Hafen) führt ein Wanderweg auf dem Deich am ***Leuchtturm*** vorüber.

Die Rückfahrt nach Rantum erfolgt auf der gleichen Strecke oder auf dem asphaltierten, aber weniger schönen fahrbahnbegleitenden Radweg neben der *Hörnumer Straße*.

**Ausgangspunkt:** Fähranleger in **Wyk auf Föhr**

**Tourverlauf:**
Wyk – Oevenum – Alkersum – Oldsum – Dunsum – Utersum – Goting – Wyk

**Auskunft:**
Tourist-Information im
Reedereigebäude Wyk
Am Fähranleger 1, 25938 Wyk auf Föhr
Tel.: 0 46 81 - 3 00
E-Mail: urlaub@foehr.de
www.foehr.de

**Fährverbindung ab Dagebüll:**
Wyker Dampfschiffs-Reederei
Am Fähranleger 1, 25938 Wyk auf Föhr
Tel.: 0 46 81 - 8 00
E-Mail: info@faehre.de
www.faehre.de

**Gesamtlänge der Tour: 41,0 km**

## Auf den Spuren der Walfänger

### Wyk – Oevenum – Alkersum – Oldsum – Dunsum – Wyk

Föhr ist mit 144 km Radwegen eine ideale Insel für Radwanderer. Verschiedene Radtouren sind mit Symbolen ausgeschildert (z. B. ◆ ▲ ✦ ●). Diese Tour führt vom Fähranleger in Wyk zur Kirche in Boldixum mit den künstlerisch gestalteten Grabsteinen Föhrer Kapitäne und Walfänger. Auf dem Weg zur Lembecksburg, einem etwa 1000 Jahre alten Ringwall, kommen wir an der Windmühle in Wrixum und dem Landwirtschaftsmuseum in Oevenum vorüber. Anschließend lohnt sich ein Abstecher zur Laurentii-Kirche mit bemalten Grabsteinen auf dem Kirchhof und den Wikingergräbern Moonklembergem. In Utersum erreichen wir den Geestrücken der Insel und fahren auf dem Weg nach Wyk an einigen Badestellen und Hügelgräbern aus der Bronzezeit vorüber.

## Unterwegs entdecken

**Wyk** – Promenade und alter Ortskern mit schmalen Gassen und liebevoll gepflegten Friesenhäusern.

**Friesenmuseum** – Am Rebbelstieg mit dem ältesten Haus der Insel.

**Nationalpark-Infozentrum** im Obergeschoss des Rathauses.

**Landwirtschaftliches Museum** in Oevenum
Das Museum bietet Einblick in das Leben auf dem Land und in die Föhrer Vergangenheit.

**St.-Nicolai-Kirche** in Boldixum
Sehenswert sind die Deckenmalereien der gewölbten Backsteinkirche aus dem 13. Jh. Auf dem Friedhof befinden sich zahlreiche kunstvoll bebilderte Grabsteine Föhrer Kapitäne und Walfänger.

**Lembecksburg**
Ringwall aus der Wikingerzeit mit einem Durchmesser von 95 Metern und einer Höhe von 10 Metern.

**St.-Johannis-Kirche** in Nieblum
Der kreuzförmige Backsteinbau nördlich des Ortes ist die größte Dorfkirche in Schleswig-Holstein. Sie liegt mit den Kirchen St. Severin in Keitum auf Sylt, der Alten Kirche auf Pellworm und St. Magnus in Tating auf Eiderstedt auf einer Nord-Süd-Achse.

Die **St.-Laurentii-Kirche** in **Süderende** entstand um 1150 und gilt als die älteste Kirche der Insel. Sehenswert sind der Figurenaltar (um 1440) und die Marmortaufe (1752).

**Museum Kunst der Westküste** in **Alkersum**
Regelmäßige Wechselausstellungen zeigen Kunst, die Motive wie Meer und Küste von Norwegen bis zu den Niederlanden darstellt.

**Moonklembergem**
Eine quadratische Wallanlage mit Grabstätten aus der Wikingerzeit.

**Hügelgräber aus der Bronzezeit** sind in Utersum (Triibergem), bei Goting (Tinghuug) und um Hedehusum zu sehen.

# Tour 3

## Wyk – Oevenum – Alkersum – Oldsum – Dunsum – Wyk

Ausgangspunkt ist der Fähranleger in **Wyk auf Föhr** **0,0**. Von dort radeln wir in einem weiten Rechtsbogen an den Durchgängen der Flutschutzmauer des Ortes vorüber. An der Abzweigung des ausgeschilderten Radweges „Marschenrunde" **0,2** fahren wir geradeaus. Wenig später queren wir an der Kreuzung mit einem Links-rechts-Schwenk die Straßen *Am Hafen* sowie *Heymannsweg* und folgen dem Radweg *(Marschweg)*, der anfangs parallel der Hauptstraße verläuft. An der Abzweigung *Schifferstraße* **0,6** fahren wir geradeaus und halten uns an der folgenden Weggabelung rechts **0,8**.

Bei **1,1** endet der *Marschweg* an der Hauptstraße. Hier halten wir uns links, folgen nach 100 m an der Kreuzung dem Radwegweiser ▲, biegen rechts in die *Ocke-Nerong-Straße* ein und radeln in **Boldixum** am *Kirchweg* 1,6 vorüber.

**Abstecher:** Zur Kirche biegen wir links in den *Kirchweg* ein und erreichen nach 150 m die ***Kirche***. Sehenswert sind außer der Kirche die alten, reich verzierten ***Grabsteine*** auf dem Kirchhof.

Am Ortsanfang von **Wrixum** 1,7 geht die *Ocke-Nerong-Straße* in den *Hardesweg* über. Wir fahren weiter geradeaus bis zur ***Mühle*** von 1851 1,8.

Direkt vor der ***Mühle*** biegen wir rechts ab, schwenken nach 200 m an der T-Kreuzung 2,0 nach links, kommen an einem kleinen Rastplatz vorüber, fahren weiter geradeaus auf der Straße *Ohldörp* 2,4 und verlassen **Wrixum**. In der Linksbiegung der Straße 3,5 fahren wir geradeaus, folgen dem schmalen Radweg nach **Oevenum**, radeln nach 100 m einen Links-rechts-Schwenk und bleiben auf der *Bournstrat*. An der nächsten Kreuzung 3,8 biegen wir rechts ab und kommen nach 30 m am ***Museum Altföhringer Bauernhaus*** vorüber.

Das Museum bietet Einblick in das Leben auf dem Land und in die Föhrer Vergangenheit. Öffnungszeiten aktuell erfragen. (Tel.: 046 81-2673).

Wir verlassen **Oevenum**, queren den Kanal, biegen in einer weiten S-Kurve 4,6 links in einen Sandweg ein (Radwegweiser ▲) und passieren eine kleine Brücke. Am Beginn der Asphaltstraße 4,8 fahren wir geradeaus, halten uns an der nächsten Weggabelung 5,2 links, passieren noch mal eine kleine Brücke und schwenken gleich darauf am Ortsrand von **Midlum** rechts in die Straße *An de Marsch*. Nach 200 m fahren wir geradeaus und verlassen die „Mittlere Inselroute" ▲, die hier rechts abzweigt. An den Kreuzungen *Westerham* 5,7 und *Dörpsend* (Die „Marschroute" ◆ zweigt rechts ab) fahren wir geradeaus, bei 6,4 noch mal geradeaus in die *Poststraße* und halten uns vor dem Ortsschild **Alkernum** leicht links. Im Ort fahren wir an der Abzweigung neben einem kleinen Rastplatz geradeaus, überqueren A bei 6,8 die Hauptstraße und radeln weiter geradeaus in den *Marschweg*. Nach 100 m biegen wir rechts ab (Radwegweiser), an der kleinen Verkehrsinsel 7,2 nochmal rechts, folgen nun dem Radwegweiser der „Großen Inseltour" ● und verlassen **Alkersum**. An den folgenden zwei Kreuzungen 7,5 8,1 und drei Abzweigungen 8,8 8,9 9,9 fahren wir geradeaus. Wenige Meter vor dem Ortsschild **Borgsum** 10,4 biegen wir rechts zur Lembecksburg ein, radeln an der nächsten Abzweigung 10,7 geradeaus und erreichen an der Wegkreuzung nach Borgsum und zur Mühle die ***Lembecksburg*** 11,1. Anschließend fahren wir geradeaus weiter, halten uns an der Weggabelung 11,9 rechts, radeln gleich darauf an der

Abzweigung 12,2 geradeaus und gelangen zu einer T-Kreuzung 12,5.

**Abstecher** nach Moonklembergem und zur Kirche St. Laurentii: Wir biegen an der T-Kreuzung links ab. Nach 200 m erreichen wir an der nächsten Abzweigung die Lorenz-Braren-Gedenkstätte. Hier biegen wir links in den Grasweg zur Gedenkstätte ein und folgen diesem an der Gedenkstätte vorbei zu den *Wikinger-Gräbern Moonklembergem*. Zur *Kirche St. Laurentii* fahren wir an der Abzweigung noch 200 m weiter geradeaus. Neben der ältesten Kirche auf Föhr sind die alten, farbig ausgemalten *Grabsteine* Föhrer Kapitäne sehenswert.

An der T-Kreuzung biegen wir rechts ab, fahren an einer Abzweigung 12,7 und der Kreuzung am Ende des Nadelwaldes 13,2 geradeaus. An der nächsten Kreuzung 13,6 biegen wir neben einem Gehöft links ab (Radwegweiser ▲ und ●), nach 300 m rechts in einen Wirtschaftsweg, queren A bei 14,1 die Hauptstraße und fahren geradeaus an der *Windmühle* vorüber nach Oldsum. Im Ort radeln wir immer geradeaus, queren am Ual-Fering-Wiartshüs die Vorfahrtstraße 14,6 und biegen gleich darauf an der T-Kreuzung rechts ab (Radwegweiser ●).

Nach 100 m schwenken wir nach links, verlassen Oldsum, passieren eine kleine Brücke und biegen an der T-Kreuzung 15,1 links ab. Bei 15,4 schwenken wir links in die Vorfahrtstraße, passieren noch mal eine Brücke und halten uns an der Weggabelung mit einer Verkehrsinsel rechts. Anschließend radeln wir an zwei Wirtschaftswegen vorüber, halten uns vor dem Deich 17,0 links (nicht die Deichrampe hochfahren) und bei 17,6 wieder links. Auf dem Asphaltweg fahren wir an zwei Wirtschaftswegen geradeaus, folgen an der Kreuzung 18,9 dem Radwegweiser ● nach rechts und radeln an drei Abzweigungen vorüber bis zu einer T-Kreuzung 20,2. Dort biegen wir links ab, folgen nach 500 m der S-Kurve und biegen in Dunsum 21,2 rechts ab. Am Deichparkplatz 21,5 mit *Badestelle* und Restaurant biegen wir links ab, fahren am landseitigen Deichfuß entlang, passieren ein Siel 22,2 und kommen an einem weiten Schilfge-

biet und See vorbei. Bei 23,8 entfernt sich die Straße mit einer Linksbiegung vom Deich. Wenig später erreichen wir **Utersum** auf der Straße *Strunwai*, biegen an der ersten Abzweigung rechts in die Straße *Klaf* ein, kommen am ***Haus des Gastes*** 24,3 vorbei, folgen der Linkskurve, queren die Straße *Triibergem* mit einem Links-rechts-Schwenk und fahren weiter auf der Straße *Bi Trentaft*. Die Straße *Triibergem* führt zu den gleichnamigen ***Hügelgräbern aus der Bronzezeit***.

Bei 24,9 biegen wir rechts in die Vorfahrtstraße *Jaardenhug* ein, fahren an der Abzweigung *Waaster-Jügem* 25,3 geradeaus und folgen gleich darauf der Linksbiegung (nicht geradeaus zur Reha-Klinik). Wenige Meter hinter dem Ortsschild **Hedehusum** 25,9 biegen wir rechts ab (Radwegweiser), an der nächsten Abzweigung links 26,2 und radeln anschließend an zwei Querstraßen geradeaus. Bei 26,5 halten wir uns an der Weggabelung rechts und fahren über den Deich. Nach einer Rechts- und Linkskurve radeln wir an einem Zugang zum ***Badestrand*** vorüber 27,6, kommen in der nächsten Linkskurve 28,3 an einem weiteren Strandzugang vorbei und biegen gleich hinter einer Brücke rechts ab. Bei 29,1 passieren wir noch mal einen Weg zum ***Strand***, radeln nach einer weiteren Linkskurve an einem Gehölz vorüber, schwenken rechts in die Vorfahrtstraße 29,4 und fahren an der Abzweigung nach Borgsum 29,9 geradeaus. Bei 30,1 biegen wir rechts in Richtung Goting-Kliff ab und kommen an weiteren ***Hügelgräbern der Bronzezeit*** vorüber.

Vor einem Wäldchen folgen wir der Linksbiegung der Straße *Brukswai* (geradeaus führt ein Sandweg am Wald entlang zu einer Badestelle). An der T-Kreuzung biegen wir rechts in die Straße *Guatingwai*, an der nächsten Abzweigung links in den *Deelswai* 31,4 ein und fahren nach 100 m am *Tingwai* geradeaus.

**Abstecher** zu Hügelgräbern: Links in den *Tingwai* einbiegen, nach ca. 100 m liegt rechts und links je ein ***Hügelgrab***.

Nach einer Linksbiegung 31,8 fahren wir 200 m am Strandwall entlang, verlassen diesen wieder mit einer weiteren Linksbiegung und folgen vor einem Sandweg der Rechtskurve des Asphaltweges 32,2, der nach 200 m in einen Sandweg übergeht. Wir kommen an einem weiteren ***Hügelgrab*** und an einem Gehölz vorbei, radeln ein Stück auf dem Binnendeich, halten uns an der Weg-gabelung 32,8 rechts, verlassen den Deich und fahren auf einem Sandweg weiter.

An der ***Badestelle*** 33,1 fahren wir einen Rechts-links-Schwenk, radeln weiter auf einem Sandweg Richtung Wyk, halten uns gleich darauf links und fahren bis zum Infopavillon des Nationalpark-Service am Ende des Parkplatzes und biegen links in den Fuß-/Radweg ein 33,6. An der T-Kreuzung 34,2 schwenken wir nach links, nach 100 m an der

nächsten Kreuzung nach rechts, folgen der Rechtsbiegung der Hauptstraße und verlassen **Nieblum** 34,6. Bei 35,3 fahren wir an der Abzweigung nach Greveling vorüber und nun immer geradeaus am Golfplatz und am Flugplatz vorüber bis nach **Wyk** 37,0. Dort folgen wir der Rechtsbiegung der Straße *Am Flugplatz*, die hier in den *Fehrstieg* übergeht, und biegen bei 37,5 rechts in den fahrbahnbegleitenden Radweg der Straße *Am Golfplatz* ein. Vor der *Strandstraße* schwenken wir rechts in die *Gmelinstraße* (Wegweiser zur Post) und fahren an deren Ende 38,9 geradeaus in den *Stockmannsweg*. Anschließend fahren wir um das Schwimmbad herum und gelangen mit einem Rechts-links-Schwenk in den Sandwall, erreichen die Fußgängerstraße 40,2 und schieben nun das Rad.

Bei 40,6 geht der *Sandwall* in die *Königstraße* über. Wir schieben weiter geradeaus durch die „Einkaufs- und Flaniermeile" der Insel, kommen am Rathaus mit Touristinformation und Nationalpark-Infozentrum 40,8 vorüber. An der Flutschutzmauer schwenken wir nach rechts und erreichen wieder unseren Ausgangspunkt am Fähranleger.

# Steine erzählen Geschichten

**Ausgangspunkt:**
Fähranleger in Wittdün auf **Amrum**

**Tourverlauf:**
Wittdün – Süddorf – Nebel – Norddorf – Wittdün

**Auskunft:**
AmrumTouristik AöR
Inselstraße 14 (Fähranleger)
25946 Wittdün auf Amrum
Tel.: 0 46 82 - 9 40 30
E-Mail: info@amrum.de
www.amrum.de

Wyker Dampfschiffs-Reederei
Am Fähranleger 1, 25938 Wyk auf Föhr
Tel.: 0 46 81 - 8 00
E-Mail: info@faehre.de
www.faehre.de

**Gesamtlänge der Tour: 23,1 km**

## Leuchtturm, Dünen und Wikingergräber

### Wittdün – Süddorf – Nebel – Norddorf – Wittdün

Von Wittdün führt die Tour über Süddorf nach Nebel. Hier lohnt sich ein Besuch der Windmühle mit Heimatmuseum. Auch das Öömrang Hüs gibt einen Einblick in die Inselgeschichte. Nur ein paar hundert Meter weiter erreichen wir die St.-Clemens-Kirche aus dem 13. Jahrhundert. Auf dem Friedhof vor der Kirche stehen kunstvoll verzierte Grabsteine Amrumer Kapitäne und Walfänger.

In Norddorf lädt ein Sandstrand zu einem Badestopp ein. Das Naturzentrum kurz vor dem Strand informiert über das Leben im Wattenmeer und die Seevogelwarte in Norddorf-Odde bietet in der Saison fast täglich Führungen an. Die Rückfahrt führt durch Kiefernwälder an der Dünenkante entlang nach Wittdün.

## Unterwegs entdecken

**Kirche St. Clemens in Nebel**
Die romanische Kirche aus dem 13. Jahrhundert wird von einem sehenswerten Friedhof mit kunstvoll verzierten Grabsteinen aus der Walfängerzeit umgeben.

**Mühle mit Heimatmuseum in Nebel**
In der reetgedeckten Windmühle befindet sich neben dem Amrum-Museum eine Galerie. Öffnungszeiten aktuell erfragen.

**Öömrang Hüs in Nebel**
Das historische Friesenhaus bietet einen Einblick in friesische Wohnkultur und Seefahrtsgeschichte. Öffnungszeiten aktuell erfragen.

**Seevogelwarte** Norddorf-Odde
Die Vogelwarte bietet in der Saison täglich (außer montags) Führungen an.

**Leuchtturm**
Mit 63 Metern ist der Leuchtturm der höchste an der deutschen Nordseeküste. Von der Besucherplattform hat man einen herrlichen Blick über die Insel. Öffnungszeiten aktuell erfragen.

**Wikingergräber**
Am Ortsrand von Steenodde befindet sich ein Gräberfeld aus der Wikingerzeit (um 1000 n. Chr.) und der Grabhügel Esenhugh, vermutlich aus der Stein- oder Bronzezeit.

**Naturzentren in Wittdün und Norddorf**
In den Naturzentren des Öömrang Ferian und der Schutzstation Wattenmeer können Besucher in Aquarien Watt- und Nordseebewohner erleben sowie die Vogelwelt Amrums kennenlernen.

Die Naturzentren bietet auch naturkundliche und archäologische Führungen sowie Wattwanderungen an.

## Wittdün – Süddorf – Nebel – Norddorf – Wittdün

Ausgangspunkt ist der Fähranleger in **Wittdün** auf Amrum 0,0. Von hier radeln wir auf der *Inselstraße* an der Promenade vorbei und folgen anschließend der Rechtskurve. Gegenüber der Kirche 0,6 schwenken wir in den fahrbahnbegleitenden Fuß-/Radweg und fahren an der Kreuzung *Norderende* 0,9 geradeaus. (Auf der Rückfahrt biegen wir hier in *Köhns Übergang* ein.) Auch an der Kreuzung am ***Amrumspa Gesundheitszentrum*** (rechts führt eine Zufahrtstraße zum ***Seezeichenhafen***) fahren wir geradeaus, radeln durch ein schmales Gehölz und kommen an der Zufahrt zum Campingplatz 2,2 vorüber. Bei 2,7 treffen sich beiden Insel-Radwege, die mit gelbem Kreis und grünem Dreieck gekennzeichnet sind. Wir folgen auf der Hinfahrt den Wegweisern mit dem gelben Kreis und biegen hier rechts ab. Dieser Radweg führt auf der Ostseite über die Inseldörfer nach Norddorf. Anschließend radeln wir, dem grünen Dreieck folgend, durch Wald und Heide nach Süden und treffen zum Ende unserer Tour wieder auf diese Abzweigung.

In **Süddorf** fahren wir an zwei Abzweigungen 3,2 und 3,6 sowie der Kreuzung nach Steenodde 3,7 geradeaus und folgen dem Radwegweiser nach Nebel.

**Empfehlenswerte Alternative:**
Wir biegen an der Kreuzung nach Steenode rechts in den *Steanoodewai* ein. Nach 600 m führt rechts ein Sandweg zu einem Hügelgrab. Wir fahren geradeaus weiter. Am Ortsrand von **Steenodde** führt links ein Sandweg zum ***Gräberfeld aus der Wikingerzeit*** und zum ***Grabhügel Esenhugh***. Anschließend fah-

ren wir geradeaus weiter, folgen bei 5,1 der Linksbiegung der Asphaltstraße (der Sandweg rechts führt zu einem Hügelgrab aus der Steinzeit) und vor dem kleinen ***Hafen*** 5,3 geradeaus in einen Sandweg. Zwischen ansteigenden Feldern führt der Sandweg an der Wattkante entlang und steigt zum Kliff an. Dort fahren wir an der Abzweigung 6,3 geradeaus, rollen bergab, verlassen in einem leichten Linksbogen die Wattkante 6,5, erreichen die ersten Häuser von **Nebel** und schwenken rechts in die Straße *Uasterstigh* 7,1. Hier treffen wir wieder auf die Hauptroute!

Wir kommen bald darauf an einer Windmühle vorüber (die Mühle ist als Ferienwohnung ausgebaut und kann nicht besichtigt werden), folgen anschließend der S-Kurve, fahren an der nächsten Abzweigung 4,4 geradeaus, rollen bergab und schwenken anschließend nach links 4,6. Hier trifft die Alternativroute wieder auf die Hauptstrecke! Nach 100 m kommen wir am Weg *Maalenstegalk* vorüber. Hier lohnt sich ein Abstecher zur ***Mühle (Amrumer Museum und Galerie).***

**Abstecher:**
Links in den *Maalenstegalk* einbiegen und an deren Ende geradeaus in den schmalen Sandweg fahren (200 m).

Auch an der nächsten Abzweigung lohnt sich ein Abstecher zum ***Öömrang Hüs.***

Nach 300 m kommen wir an der ***St.-Clemens-Kirche*** 5,5 und den reich verzierten alten ***Grabsteinen*** der Kapitäne und Walfänger auf dem Friedhof vorüber.

Nach einem Besuch der Kirche folgen wir der Hauptstraße und fahren bei 5,8 einen Links-rechts-Schwenk. Nach 200 m beginnt eine sanft ansteigende Strecke. An einem Stein am Wegrand können Radwanderer ihre Friesisch-Kenntnisse überprüfen 8,1.

Mit einer leichten Linksbiegung erreichen wir **Norddorf** 8,6, fahren an der Töpferei geradeaus, halten uns an der Abzweigung *Bläög-dam* rechts und radeln an der Abzweigung *Taft* 8,9 (zur Amrum Tourist-Info) geradeaus. (Nach der Runde über den Teerdeich biegen wir hier zur Tourist-Info ab.)

Bei 9,1 folgen wir mit einem Rechts-links-Schwenk der Straße *Bideelen* und biegen an der nächsten Kreuzung 9,3 rechts in die Straße *Oodwai* ein (links geht es nochmal zur Amrum Tourist-Info).

**Abstecher zum Strand:**
Wir fahren an der Kreuzung *Oodwai* geradeaus, nach 400 m an der Abzweigung *Stonwai* und an der Fußgängerstraße ebenfalls geradeaus, kommen am ***Naturzentrum*** vorbei und erreichen gleich darauf den ***Strand*** von Norddorf (1 km).

Vor einem Sandweg 10,5 folgen wir der Rechtskurve der Asphaltstraße und erreichen den Teerdeich 10,8 (WC).

**Abstecher:** Wir fahren geradeaus über den Teerdeich und gelangen auf einem Sandweg zum **Fahrradständer Odde**. Links führt ein

Fußweg über Dünen zum Strand, geradeaus gelangt man auf einem Bohlenweg und an der Wattkante zur ***Seevogelwarte***.

Vor dem Teerdeich schwenken wir nach rechts und fahren am Deichfuß entlang (oder auf der Deichkrone). Am Südende des Deiches 13,0 fahren wir mit einem Links-rechts-Schwenk in die Straße *Bräätlun*, biegen links in die Straße *Ual Saarepswai* 13,3 und nach ca. 50 m rechts in die Straße *Taft* ein (Wegweiser Amrum Touristik). Wir kommen an der Busstation neben der ***Amrum Touristik in Norddorf*** vorbei und biegen an der Kreuzung vor dem Supermarkt 13,6 links ab. Von nun an folgen wir dem Radwegweiser mit dem grünen Dreieck. Am Ortsrand 13,8 beginnt ein fahrbahnbegleitender Radweg durch den Wald. Nach 500 m führt ein Fußweg zur ***Aussichtsdüne*** (empfehlenswert), gleich darauf fahren wir an einem Waldweg weiter geradeaus. Bei 14,8 verlassen wir mit einem Rechtsschwenk den fahrbahnbegleitenden Radweg und radeln nun auf einem Sandweg durch Wald und Heidelandschaft. Auf einigen Streckenabschnitten reicht der Blick bei klarem Wetter über Heideflächen und Wattenmeer hinüber nach Föhr. An den beiden Abzweigungen zur Vogelkoje 15,0 (kleines Holzschild) und 15,7 fahren wir geradeaus.

**Abstecher:**

An der zweiten Abzweigung zur Vogelkoje 15,7 im Wald rechts abbiegen (Schild steht schlecht einsehbar) und dem Hauptweg folgen. Nach 700 m erreichen wir die Vogelkoje. Direkt vor dem Fahrradständer halten wir uns rechts (nicht den Weg 20 m vor der Vogelkoje nehmen), folgen dem Weg zum Quermarkenfeuer und kommen am Wildgehege vorüber. Nach weiteren 300 m führt ein Bohlenweg (Fußweg) durch die Dünen an Ausgrabungen aus der Stein- und Eisenzeit vorüber.

Wir fahren weiter auf dem Hauptweg, der nach einem weiten Rechts-links-Schwenk 16,3 in einen breiten Sandweg übergeht. Auf der Sandstraße *Tannenwai* radeln wir an den Kreuzungen zum Strand, zur Strandhalle 17,4 sowie an der Abzweigung *Satteldünenwai* geradeaus.

An der Kinderklinik Satteldüne folgen wir der Linksbiegung 18,0, fahren an den folgenden Abzweigungen und der Kreuzung zum Badestrand Süddorf 18,7 weiter geradeaus, bis wir die Zufahrt zum Leuchtturm erreichen 20,0.

**Abstecher:**

Zum ***Leuchtturm*** rechts abbiegen (200 m).

**A** Wir queren mit einem Links-rechts-Schwenk die Hauptstraße, erreichen die Stelle, an der wir auf der Hintour abgebogen und dem Radwegweiser mit dem gelben Punkt gefolgt sind. Wir fahren nun bis zum Ortsrand von **Wittdün**, wie auf der Hintour, auf dem fahrbahnbegleitenden Radweg und radeln an der Kreuzung am ***Amrumspa Gesundheitszentrum*** 21,3 geradeaus. Bei 21,8 endet der Radweg. Ab hier verlassen wir die von der

Hinfahrt bekannte Strecke, folgen dem Radwegweiser zum Fähranleger, biegen rechts in die Straße *Köhns Übergang* ein und schwenken vor dem Fußweg zum ***Strand*** links in die *Mittelstraße*. Dieser folgen wir immer geradeaus, kommen am ***Kurpark*** und an der ***Amrum Touristik Wittdün*** 22,4 vorüber. Bei 22,8 biegen wir vor der Sackgasse links in die *Volkert-Quedens-Straße* ein, rollen diese bergab, schwenken rechts in die *Inselstraße* und erreichen wieder unseren Ausgangspunkt am Fähranleger 23,1.

# Tour 5

**Ausgangspunkt:**
Fähranleger auf **Pellworm**

**Tourverlauf:**
Fähranleger – Hooger Fähre – Alte Kirche – Fähranleger

**Auskunft:**
Kurverwaltung Pellworm,
Uthlandstraße 2, 25849 Pellworm
Tel.: 0 48 44 - 1 89 40
E-Mail: info@pellworm.de
www.pellworm.de

**Fährverbindung ab Strucklahnungshörn:**
NPDG-Reederei
Tel.: 0 48 44 - 7 53
E-Mail: info@faehre-pellworm.de
www.faehre-pellworm.de

**Gesamtlänge der Tour: 27,0 km**

## Auf den Spuren des sagenumwobenen Rungholt

**Rund um Pellworm**

Vom Fähranleger, der über einen Kilometer ins Meer hinein ragt, führt die Tour zum gemütlichen Hafen von Tammensiel. Auf dem Treibelweg am Außendeich gelangen wir zur Vogelkoje. Vogelkojen dienten bis etwa 1920 dem Fang von Wildenten und waren auf allen nordfriesischen Inseln bekannt. Sie dienen heute als Naturschutzgebiete dem Schutz der Vögel. An der Badestelle Johannishörn lädt die Nordermühle zu einer Rast ein.

Anschließend radeln wir am Anleger Hooger Fähre vorüber zur Alten Kirche. Schon von weitem ist der mächtige, stark beschädigte Backsteinturm zu sehen. Auf dem Weg zurück zum Fähranleger lohnt sich ein Besuch des Rungholt-Museums, in dem unzählige Funde von untergegangenen Siedlungen aus dem Wattenmeer gezeigt werden.

## Unterwegs entdecken

**Alte Kirche Pellworm**

Die Alte Kirche St. Salvador wurde im 11. Jahrhundert wahrscheinlich als Holzbau errichtet. Der heutige Bau stammt aus der Zeit um 1200. Die Osthälfte des Kirchturmes stürzte im Jahre 1611 ein. Die 29 Meter hohe Turmruine ist heute das Wahrzeichen der Insel.

**Leuchtturm**

Der Pellwormer Leuchtturm kann in kleinen Gruppen besichtigt werden. Termine und Anmeldung bitte bei der Kurverwaltung erfragen.

**Nordermühle**

In der Galerieholländer-Mühle befinden sich heute Ferienwohnungen.

**Fething Tammwarft**

Der Fething ist als Süßwasserspeicher in der Warft bis in die Neuzeit genutzt worden. Dieser ist der einzig erhaltene Speicher seiner Art auf der Insel. Er lieferte noch bis zum Anschluss der Insel an die zentrale Wasserversorgung 1964 Trinkwasser.

**Rungholtmuseum**

Über 20 Jahre hat Hellmut Bahnsen die Spuren der untergegangenen Kulturen im Watt zusammengetragen. Seine Sammlung deckt den Zeitraum von 1100 bis 1800 ab.

**Vogelkoje**

Das heutige Naturschutzgebiet wurde 1905 als Fanganlage für Wildenten angelegt. Eine der ursprüng-lich sechs Fanganlagen ist noch zu sehen. Ein Wanderweg führt an der Fanganlage vorbei rund um den Teich.

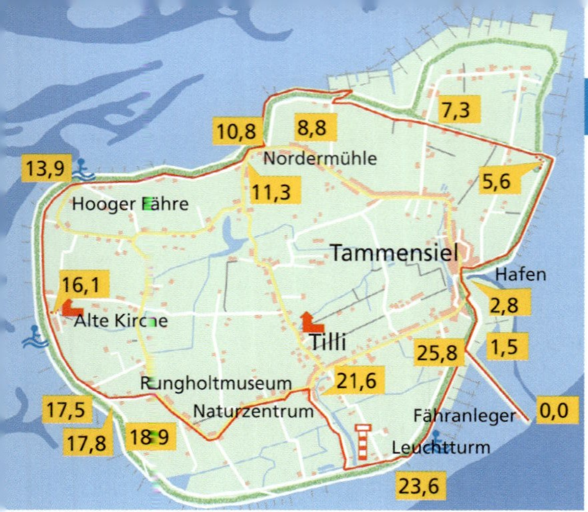


**Rund um Pellworm**

Ausgangspunkt ist der Fähranleger in Pellworm 0,0. Von dort fahren wir über den langen Damm zur Insel, folgen der Rechtsbiegung am Seedeich 1,5 und radeln an dem Weg, der am seeseitigen Deichfuß links abzweigt, vorüber. Auf diesem erreichen wir auf der Rückfahrt wieder den Damm zum Fähranleger. Dem fahrbahnbegleitenden Radweg folgend, fahren wir über den Deich 2,2. A Am Ortsschild Pellworm wechselt der Fuß-/Radweg von der linken auf die rechte Fahrbahnseite. An der Abzweigung zur Touristinformation 2,5 fahren wir geradeaus, passieren ein Deichtor und erreichen nach 200 m den malerischen ***Hafen***, in dem Fischkutter und Segelboote an der Pier liegen. An der Nordseite des Hafens kann im alten Dampferschuppen (neben dem Infopavillon des Nationalpark-Services) die ***Ausstellung „Seefahrt tut not"*** besichtigt werden 2,8. Anschließend fahren wir durch das nächste Deichtor, biegen rechts zur Vogelkoje in den *Ütermarkerweg* ein 2,9, radeln an der Abzweigung bei 3,2 geradeaus und erreichen nach 500 m die nächste Weggabelung. Hier halten wir uns rechts, passieren ein Gatter, überqueren den Außendeich und schwenken am seeseitigen Deichfuß nach links 4,0. (Bei starkem Ostwind empfiehlt es sich, nicht den Deich zu überqueren und am landseitigen Deichfuß geradeaus bis zur Vogelkoje zu fahren.) Nach einer Linksbiegung 5,3 endet der Treibelweg. Vor dem Gatter wenden wir uns nach links und schieben das Rad über den acht Meter hohen Seedeich 5,6.

**Abstecher:**
Zur ***Vogelkoje*** schwenken wir nach links, rollen das letzte Stück zum Deichfuß hinunter, folgen der Rechtsbiegung und erreichen die Vogelkoje (400 m).

Wir schwenken nach rechts, passieren ein Gatter und fahren weiter auf der Krone des Mitteldeiches, der bis 1938 Seedeich war. Bei

5,9 passieren wir ein Gatter und fahren gleich darauf an der Kreuzung geradeaus in die Straße *Norderhaffdeich*, die nach 300 m zum Deichfuß hinunterführt. Auch an der Kreuzung *Bupheverweg* fahren wir geradeaus weiter auf dem *Norderhaffdeich* 7,3.

An der Abzweigung bei 8,8 passieren wir ein Gatter, überqueren den Deich, schwenken am seeseitigen Deichfuß nach links und fahren am Wattenmeer entlang. Nach der Linksbiegung kommen wir an einer ***Badestelle*** vorüber, schwenken bei 10,8 links zum Deich hinauf und passieren ein weiteres Gatter. Auf dem Deich erreichen wir die ***Nordermühle***. Wir rollen zum landseitigen Deichfuß hinunter, biegen scharf rechts ab und fahren am Deich entlang. Vom *Nordermitteldeich* schwenken wir rechts in den *Sluutweg* 11,3, fahren an der **Hooger Fähre** 13,9 am Deichübergang und der Abzweigung geradeaus zwischen Nationalpark-Infostand und Kiosk hindurch. Anschließend passieren wir ein Gatter und radeln weiter auf einem Spurplattenweg. Nach 2 km passieren wir ein weiteres Gatter, fahren geradeaus und erreichen gleich darauf die Abzweigung zur Alten Kirche.

**Abstecher:**
Zur ***Alten Kirche*** biegen wir links ab (200 m).

An der Abzweigung zur Kirche 16,1 fahren wir geradeaus, folgen anschließend dem Rechts-links-Schwenk, kommen am Übergang zur ***Badestelle*** Alte Kirche vorüber und radeln weiter am Deich entlang. Nachdem wir das Strandcafé passiert haben, fahren wir an der Abzweigung zum archäologischen Denkmal ***Fething Tammwarft*** geradeaus.

**Abstecher:**
Zum Fething biegen wir links ab.

Bei 17,8 schwenken wir links in die Straße *Westerschütting* zum Rungholtmuseum und erreichen vor der T-Kreuzung das ***Rungholtmuseum***, in dem Kulturfunde der vergangenen Jahrhunderte aus dem Wattenmeer zu sehen sind.

Anschließend biegen wir an der T-Kreuzung rechts in die Straße *Osterschütting* ein und kommen am ***Nationalparkhaus*** der Schutzstation Wattenmeer 18,9 vorüber. Nach einer Linkskurve fahren wir an der Einmündung *Untjehörnweg* 19,9 geradeaus in den *Südermitteldeich*, fahren an drei Abzweigungen vorüber bis zur kleinen Ortschaft **Tilli**. Dort biegen wir an der T-Kreuzung 21,6 rechts in den *Kaydeich* ein. Bei 23,0 halten wir uns an der Weggabelung links, fahren an der Abzweigung beim ***Leuchtturm*** 23,6 geradeaus, schwenken gleich darauf nach rechts und überqueren den Deich. Am seeseitigen Deichfuß halten wir uns links, fahren an der ***Badestelle Süderkoog*** vorüber, passieren ein Gatter 24,3 und treffen wieder auf den Damm zum Fähranleger 25,8, an dem wir zu Beginn unserer Tour geradeaus gefahren sind. Zur Fähre biegen wir nun rechts ab und erreichen bei 27,0 wieder unseren Ausgangspunkt.

# Tour 6

**Ausgangspunkt:**
Vor der Kirche in **Süderlügum**

**Tourverlauf:**
Süderlügum – Neukirchen – Nolde-Museum – Tondern – Aventoft – Süderlügum

**Auskunft:**
Gemeinde Süderlügum
Hauptstraße 7
25923 Süderlügum
Tel.: (0 46 61) 60 17 77
E-Mail: info@suederluegum.de
www.suederluegum.de

**Gesamtlänge der Tour: 46,9 km**

## Nolde-Museum und historischer Handelsort

**Süderlügum – Neukirchen – Nolde-Museum – Tondern – Süderlügum**

Von der Kirche in Süderlügum führt die Tour nach Neukirchen. Im dortigen Deichmuseum sind ein Sieltor aus dem 16. Jh. und rekonstruierte Deichprofile zu sehen. Die nächste Etappe führt zum Nolde-Museum. Neben der jährlich wechselnden Ausstellung bietet der Garten im Sommerhalbjahr eine wahre Blütenpracht. Anschließend überqueren wir die Grenze nach Dänemark, fahren in Møgeltøndern am Schloss Schackenborg vorüber und erreichen wenig später die alte Handelsstadt Tondern. Nach einem Stadtbummel durch die Fußgängerzone mit seinen reich verzierten Bürgerhäusern, der Alten Apotheke und der Kirche radeln wir zurück nach Süderlügum, wo wir einen Abstecher zu den Binnendünen nicht verpassen sollten.

## Unterwegs entdecken

**Nolde-Museum**
Das Museum zeigt eine jährlich wechselnde Ausstellung des Expressionisten Emil Nolde. Zum Museum gehört ein liebevoll angelegter und gepflegter Staudengarten.
Öffnungszeiten aktuell erfragen.

**Tondern**
Tondern ist die älteste Handelsstadt in Dänemark. Neben gut erhaltenen Kaufmannshäusern ist die Alte Apotheke die größte Attraktion. Hier ist das ganze Jahr Weihnachten. Auf drei Etagen wird Kunsthandwerk gezeigt. Sehenswert ist auch das Kunstmuseum im Wasserturm und das Zeppelinmuseum am nördlichen Stadtrand.

**Gut Schackenborg** wird das erste Mal 1233 als Møgeltønderhus im Besitz des Bischofs von Ribe erwähnt und ist seit 1995 königliche Residenz. Das Gut Schackenborg ist heute ein moderner Landwirtschafts- und Forstbetrieb mit insgesamt 1021 Hektar.

**Deichmuseum in Neukirchen** mit dem Deichtor von Feddersbüllsiel.
Im Freiland-Museum werden neben dem Deichtor aus dem 16. Jahrhundert Deichprofile aus dem 11./12., 14., 16. und 17. Jahrhundert in natürlicher Größe dargestellt.

**Naturschutzgebiet Süderlügumer Binnendünen**
Am Ende der letzten Eiszeit vor etwa 10 000 Jahren wurden aus den Sandbänken des Urstromtales der Wiedau Dünenfelder am Südrand des Ortes aufgeweht. Bereits im 16. Jh. war Süderlügum durch Sandverwehungen bedroht, und die Einwohner mussten einen Windschutz anlegen. So pflanzte man Strandhafer auf die offenen Sandflächen.

## Tour 6

### Süderlügum – Neukirchen – Nolde-Museum – Tondern – Süderlügum

Ausgangspunkt ist die ***Marienkirche*** in **Süderlügum** 0,0. Vom Zugang zum Kirchhof biegen wir rechts in die Hauptstraße ein, nach 100 m nochmal rechts in die *Westerstraße*, fahren zwischen Einkaufszentrum und Parkplatz (mit WC) hindurch und radeln vor der Linkskurve geradeaus durch die gepflasterte Spielstraße 0,2.
An deren Ende 0,4 biegen wir links in die Straße *Süderheine* ein, schwenken nach 200 m vor einer Sackgasse nach links und biegen bei 0,9 rechts in den fahrbahnbegleitenden Fuß-/Radweg der *Bahnhofstraße* ein. In **Wimmersbüll** queren wir die Bahngleise 1,6. **A** Gleich darauf wechselt der Fuß-/Radweg an der Abzweigung *Wimmersbüller Straße* auf die linke Fahrbahnseite.

Wir fahren immer geradeaus durch den Ort, gelangen nach **Humptrup** 2,1 und radeln weiter geradeaus am Waldrand entlang. Am Ende des Waldes halten wir uns an der Abzweigung der *Grellsbütteler Straße* 3,2 links, kommen nach 400 m an der ***Kirche*** vorüber, fahren weiter geradeaus Richtung Neukirchen und verlassen **Humptrup** 3,8. Wir queren die Straße *An den Salzbuden* 4,1 und biegen an der Kreuzung *Hauptstraße/Neukirchener Straße* 5,0 rechts nach Neukirchen ab (Wegweiser zum Nolde-Museum) (**A** kein Radweg). An der Kreuzung *Kahlebüller Weg* 5,6 fahren wir geradeaus, kommen nach weiteren 400 m am Wanderweg zum ***Kahlebüller See*** vorüber und überqueren die Kreuzung *Aventofter Straße* 7,2. An der Straße *Hattersbüllhallig* fahren wir an der Abzweigung nach Niebüll geradeaus Richtung Neukirchen und befinden uns nun auf dem ***Nordseeküstenradweg*** 7,7. Auch an der Kreuzung *Moorhofweg* 8,9 und der Abzweigung zum Nolde-Museum fahren wir geradeaus.

**Abkürzung zum Nolde-Museum:**
Bei 10,3 folgen wir dem Wegweiser zum Nolde-Museum und biegen rechts ab. Bei 16,0 treffen wir wieder auf die beschriebene Strecke.

In **Neukirchen** biegen wir rechts in den *Otzhusumweg* 11,9 zur Emil-Nolde-Schule ein, fahren immer geradeaus an der Schule vorüber bis zur Vorfahrtstraße 12,9. Dort biegen wir rechts in den fahrbahnbegleitenden Radweg Richtung Rodenäs ein, hinter dem Verwaltungsgebäude des Amtes Neukirchen nochmals rechts Richtung Nolde-Museum in die Straße *Nordosterdeich* 13,5 und erreichen nach 300 m den Sandweg *Fegetasch* zum ***Deichmuseum***.

**Abstecher:**
Zum Deichmuseum rechts in die Straße *Fegetasch* einbiegen.

Neben einem Sieltor aus dem 16. Jh. wird die Entwicklung der Deiche vom 11. Jh. bis zum 17. Jh. gezeigt. Anschließend fahren wir weiter geradeaus, verlassen **Neukirchen** und biegen bei 14,3 rechts in den *Revtoftweg* zum Nolde-Museum ein. An der Kreuzung zur ***Badestelle Hülltofter Tief*** fahren wir geradeaus 16,0 und folgen bei 16,5 dem Museumswegweiser nach links. Nach einer Rechtskurve erreichen wir links hinter einem Parkplatz den Zugang zum ***Nolde-Museum*** 17,4. Der Weg führt durch den liebevoll gestalteten ***Garten*** zum Museum.

Anschließend fahren wir mit einem Linksbogen an dem großen Gebäude auf einer Warft vorüber und kommen an einem weiteren Zugang zum ***Museum*** vorbei 17,8. Hier endet die Asphaltstraße. Wir fahren geradeaus in einen Sandweg, der bald darauf in einen Grasweg übergeht. Nachdem wir eine kleine Brücke überquert haben 18,4, beginnt wieder ein Asphaltweg 18,6. Am Ende des *Noldeweges* biegen wir rechts in die Vorfahrtstraße Richtung Tondern ein, halten uns an der Abzweigung nach Aventoft 18,9 links (Richtung Rudbøl), radeln in dem kleinen Ort **Rosenkranz** an der Kreuzung 19,8 geradeaus und passieren die **Grenze nach Dänemark**. Auf einem breiten Kiesweg, der neben der Straße verläuft, überqueren wir die Vidå 20,2. Über diesen Fluss fuhren einst die Handelsschiffe nach Tondern. Am Ende des Kiesweges biegen wir rechts in den *Lystvej* ein, folgen dem Radwegweiser nach links und schwenken nach wenigen Metern rechts in die Vorfahrtstraße Richtung Højer (Nordseeküstenradweg Nr. 1). An der Abzweigung nach Tøndern 20,7 biegen wir rechts in den *Møgeltøndervej* ein. Hier verlassen wir den

Nordseeküstenradweg und radeln weiter auf der Route Nr. 8. Bei 24,7 biegen wir links nach **Møgeltønder** ab, folgen im Ort der Rechtskurve und biegen gleich darauf links in den Weg *Strædt* 26,5 ein (Radwegweiser), anschließend links in den *Sønderbyvej* 26,9, fahren an der weiß getünchten Backsteinkirche vorbei und biegen an der Vorfahrtstraße rechts ab. Auf der kopfsteingepflasterten Lindenallee mit ihren kleinen roten Backsteinhäusern gelangen wir zum ***Schloss Schackenborg*** 27,5, fahren am weitläufigen ***Schlossgarten*** vorüber und biegen am *Møgeltønder Omfartsvej* (Reichsstraße 419) 29,3 rechts in den fahrbahnbegleitenden Radweg nach Tondern ein. Am Kreisverkehr 30,0 schwenken wir rechts in den Vestre Omfartsvej (Richtung Grenze). Bei 31,0 halten wir uns links Richtung **Tondern** Zentrum, schwenken nach 300 m rechts in die *Strucksallee* 36,8, queren die Bahngleise 32,1 und biegen gleich darauf rechts in die *Jernbanegade* ein.

**Abstecher zur Innenstadt:**
Wir fahren, nachdem wir die Bahngleise überquert haben, geradeaus über die große Kreuzung und erreichen nach 100 m die Fußgängerstraße. Ab dort schieben wir das Rad und folgen der Fußgängerstraße bis zur Alten Apotheke und zur Kirche.

Nach unserem Stadtbummel fahren wir von der Fußgängerstraße geradeaus über die große Kreuzung und biegen vor den Bahngleisen links in die *Jernbanegade* ein. Wir kommen am Bahnhof 32,4 vorüber und biegen etwa 30 m vor einem Tor, das den Weg versperrt, links in einen Fuß-/Radweg ein. Anschließend fahren wir in einer scharfen Rechtsbiegung über zwei kleine Brücken, queren die Bahngleise, biegen links ab und fahren weiter parallel der Gleise. Bei 34,1 überqueren wir nochmal eine Brücke, biegen an der nächsten Querstraße rechts ab 34,7, radeln durch **Ubjerg** 35,2 und schwenken an der Vorfahrtstraße links nach Møllehus 36,9 ein.

Nach 300 m passieren wir wieder die Grenze, biegen in **Aventoft** an der *Dorfstraße* 37,5 rechts ab, schwenken anschließend links in die Straße *Drift* 38,4 nach Süderlügum und verlassen **Aventoft** 38,6. An der Weggabelung 38,9 halten wir uns links, biegen an der T-Kreuzung 39,7 rechts ab und fahren auf den Wald zu. Am Waldrand beginnt ein Sandweg. Nachdem wir einen Wasserlauf 40,6 überquert haben, schwenken wir an der nächsten Abzweigung 40,9 nach links, verlassen den Wald und erreichen wieder einen Asphaltweg. Wir schwenken bei 42,1 rechts in die Vorfahrtstraße, fahren an der Abzweigung nach Neukirchen 42,5 weiter geradeaus auf der *Wimmersbüller Straße*. Bei 43,2 erreichen wir die Abzweigung, an der wir auf der Hinfahrt rechts abgebogen sind. Jetzt fahren wir geradeaus und radeln das letzte Stück auf dem gleichen Weg wie auf der Hinfahrt, nur in umgekehrter Richtung, zu unserem Ausgangspunkt an der ***Kirche*** in **Süderlügum** zurück 46,9.

# Tour 7

**Ausgangspunkt:**
Bahnhof neben dem Fähranleger in **Dagebüll**

**Tourverlauf:**
Dagebüll – Schlüttsiel – Hamburger Hallig-Ockholm – Dagebüll

**Auskunft:**
Tourist-Info Dagebüll
Nordseestr. 1
25899 Dagebüll
Tel.: 0 46 67 - 9 50 00
E-Mail: info@nf-tourismus.de
www.gemeinde-dagebuell.de

**Gesamtlänge der Tour: 50,0 km**

## Fährhafen und Salzwiesen

**Dagebüll – Schlüttsiel – Hamburger Hallig – Ockholm – Fahretoft – Dagebüll**

Vom Fähranleger in Dagebüll folgen wir dem Nordseeküstenradweg nach Süden und fahren auf dem Treibelweg an der seeseitigen Deichseite entlang. Die Hamburger Hallig erreichen wir auf dem flachen Damm, der zwischen Salzwiesen hindurch führt. Auf der Hallig laden eine Badestelle und das Restaurant zur Rast ein.

Beim Besuch des Vogelwarts auf dem Schafberg lässt sich viel über die Vogelwelt und die Geschichte der Hamburger Hallig erfahren.

Über Ockholm und Fahretoft radeln wir anschließend durch die Köge zurück nach Dagebüll. Auffällig sind die Häuser auf Warften. Sie stammen noch aus der Zeit vor der Eindeichung, als zum Beispiel Ockholm noch eine Hallig war.

## Unterwegs entdecken

**Fährhafen Schlüttsiel**

Vom Fährhafen in Schlüttsiel legen die Schiffe zu den Halligen Hooge/Langeneß und nach Amrum ab.

Die MS Rungholt bietet Ausflugsfahrten zur Hallig Gröde sowie zu den Seehundsbänken an.

**Fährhafen Dagebüll**

Dagebüll ist Fährhafen nach Föhr und Amrum. Über Niebüll besteht Bahnanschluss nach Dagebüll. Der Bahnhof befindet sich direkt neben dem Fähranleger.

**Hamburger Hallig**

Beschreibung siehe Seite 65

**Dagebüll – Schlüttsiel – Hamburger Hallig – Ockholm – Fahretoft – Dagebüll**

Ausgangspunkt ist der Bahnhof neben dem Fähranleger in **Dagebüll** 0,0. Von dort kommen wir am Zugang zum ***Badestrand*** vorbei und passieren den Deichdurchgang 0,1. Nach wenigen Metern biegen wir rechts in die Straße *Am Badedeich* ein, queren die Bahngleise und schwenken vor dem Deich nach links. Anschließend passieren wir ein Gatter 0,6 fahren zum Deich hinauf, halten uns an der Weggabelung links und rollen zum landseitigen Deichfuß hinunter.

Bei 1,1 queren wir die Gleise der Halligbahn, fahren an der Abzweigung 1,4 geradeaus und folgen ab jetzt dem ***Nordseeküstenradweg***.

An der Abzweigung bei 1,8 halten wir uns rechts und überqueren den Deich. Vor dem Bahndamm der Halligbahn nach Oland und Langeneß schwenken wir nach links, fahren

nun auf dem Treibelweg am seeseitigen Deichfuß entlang, passieren zwei Gatter 3,7 und 4,6, kommen aber auch an drei Auffahrten zum Deich 2,2, 4,0 und 6,6 vorüber.

Nachdem wir das Gatter in **Schlüttsiel** 8,1 passiert haben, radeln wir am Fischerei- und Fährhafen vorbei. **A** Wir fahren nicht zum Deich hinauf, sondern passieren das Gatter rechts neben dem Fahrkartencontainer der Fähre nach Amrum und zur Hallig Hooge.

**Abstecher:**

Zum ***Infozentrum*** des Vereins Jordsand fahren wir links neben dem Fahrkartencontainer den Deich hinauf, rollen auf der Deichkrone am Bistro vorbei und auf dem landseitigen Weg zum Deichfuß hinunter. An der Straße nach Dagebüll biegen wir links ab und nach ca. 150 m gegenüber vom Bistro schwenken wir rechts zum Parkplatz. Das Infozentrum liegt etwas versteckt hinter dem Parkplatz.

Wir folgen weiter dem ***Nordseeküstenradweg*** auf dem Treibelweg. Zu unserer Rechten sind am Horizont die Halligen zu sehen.

Bei 10,7 passieren wir ein Gatter, fahren an einer Auffahrt zum Deich 11,7 geradeaus, passieren ein weiteres Gatter 11,9, folgen am nächsten Deichübergang 12,3 dem Radwegweiser zur Hamburger Hallig und radeln weiter am seeseitigen Deichfuß entlang. Schon bald gehen die Lahnungen in ausgedehnte ***Salzwiesen*** über. Nachdem wir sechs weitere Gatter passiert haben und an drei Deichübergängen vorbeigefahren sind, erreichen wir bei 19,7 die Wegkreuzung zur Hamburger Hallig.

Wer nicht den Abstecher zur Hallig fahren möchte, biegt hier links ab und folgt der weiter der Beschreibung ab 26,7.

Zur Hamburger Hallig schwenken wir nach rechts und fahren auf dem Rad-/Fußweg neben dem Fahrweg (für Kraftfahrzeuge gebührenpflichtig) zwischen ***Salzwiesen*** hindurch. Während des Vogelzugs im Frühjahr und Herbst rasten auf den Salzwiesen unzählige Ringel- und Nonnengänse. Am ***Schafberg*** 20,7 lohnt sich ein Abstecher zur Hütte des Vogelwarts (Claus-Jürgen-Reitmann-Haus). Neben Informationen zu den Vögeln auf der Hallig stehen für die Besucher Spektive bereit, um die Vögel beobachten zu können. 200 m weiter führt ein ***Naturerlebnispfad*** durch die Salzwiesen.

Nach einer Rechtsbiegung 22,1 fahren wir am Zugang zur ***Badestelle*** vorüber und erreichen bei 22,9 die Gebäude auf der Hamburger Hallig. Hier befindet sich ein Restaurant und eine Außenstelle des Nationalpark-Service mit ***Wattwerkstatt***.

Anschließend fahren wir auf dem Damm zurück bis zur Wegkreuzung 26,7 des ***Nordseeküstenradweges*** am seeseitigen Deichfuß. Dort folgen wir dem leichten Rechtsbogen über den Deich, passieren das Gatter neben der Schranke 26,9, in dessen Nähe sich das Amsinck-Haus mit Ausstellung, Fahrradverleih, WC und ein Infopavillon des Nationalpark-Service befindet. Wir biegen gleich links in den Weg am landseitigen Deichfuß ein (Radwegweiser nach Dagebüll), passieren bei 27,8 und 28,4 jeweils ein Gatter und fahren an der Abzweigung 28,5 geradeaus (Infotafel über die Bebauung des Sönke-Nissen-Koogs).

Nachdem wir ein weiteres Gatter 29,4 passiert haben, schwenken wir an der folgenden Abzweigung 30,3 nach rechts und verlassen den Deichweg.

**Alternative:**
Wer am Deich nach Dagebüll zurückfahren möchte, schwenkt nach links und fährt über die Deichrampe zum seeseitigen Deichfuß.

Neben dem Buswartehäuschen biegen wir an der Kreuzung 30,8 links in die *Koogstraße* Richtung Schlüttsiel ab, queren ein Deichtor 32,2 und radeln an der **Peterswarf** 32,4 geradeaus. An der T-Kreuzung bei 33,6 schwenken wir nach links in den fahrbahnbegleitenden Radweg der *Bäderstraße* in Richtung Dagebüll, fahren in **Ockholm** an der Kreuzung *Bäderstraße/Sönnenswarfweg* 34,1 ebenfalls geradeaus, kommen an der ***Kirche*** mit dem hölzernen Glockenturm vorüber 34,2 und verlassen den Ort 34,4.

Wir queren den *Süderdeichsweg* bei 34,8 und biegen gleich darauf rechts in die *Dorfstraße* ein (Radwegweiser Dagebüll).

Die Straße windet sich zwischen Häusern hindurch, die auf Warfen stehen. Wir bleiben auf der *Dorfstraße*, lassen mit einer Linksbiegung 35,9 die letzten Häuser von **Bongsiel** hinter uns und schwenken an der Abzweigung bei 36,5 links in den Hauke-Haien-Koog ein. Anschließend radeln wir zum Deich hinauf, kommen am Schöpfwerk 36,6 vorüber und rollen mit einem Linksschwenk wieder zum Deichfuß hinunter. Vor der Sackgasse biegen wir rechts ab, fahren weiter am Deichfuß entlang und passieren ein Siel **37,9**. An der T-Kreuzung **38,9** schwenken wir nach rechts, passieren den Deich und biegen nach 300 m links nach Dagebüll ab. Nach einer Rechtskurve vor einem einzelnen Haus **39,8** biegen wir an der **Richardswarft** von der Straße *Süderkoog* rechts ab **40,4**, erreichen **Fahretoft** **41,0** auf der *Hans-Momsen-Straße* und schwenken nach 100 m an der ersten Kreuzung nach links (Radwegweiser).

**Abstecher:**

Zur ***Kirche*** mit dem hölzernen Glockenturm rechts in den *Kirchenweg* einbiegen.

Nach einer Rechtskurve **41,5** biegen wir an der T-Kreuzung **41,7** links in die Straße *Strich* ein und verlassen **Fahretoft**. An der **Janniswarf** biegen wir hinter dem letzten Haus **43,1** rechts ab, kommen nach 500 m an der **Westjacobswarf** vorbei und schwenken vor einem einzelnen Haus **44,3** links in die Vorfahrtstraße *Westerschinkeldeich*.

An der **Broderswarft** fahren wir am Kreuzweg geradeaus, passieren einen Deich **45,0** und radeln im **Osewoldterkoog** weiter Richtung Dagebüll Kirche.

An der Abzweigung der Straße *Osewoldterkoog* **45,5** folgen wir der Rechtskurve der Hauptstraße, passieren in **Dagebüll Kirche** einen Deichdurchgang **47,4**, folgen anschließend dem Radwegweiser zur Fähre Föhr/Amrum nach links, queren die Bahngleise und biegen bei **47,6** links in die *Dorfstraße* ein, queren noch mal die Bahngleise, schwenken vor der ***Backsteinkirche*** nach rechts und verlassen den Ort. Bei **48,5** queren wir **A** vorsichtig die Vorfahrtstraße neben dem Bahnübergang. **A** Achtung! Radwegweiser zeigt nach rechts, wir fahren jedoch auf der verkehrsärmeren Straße geradeaus und erreichen nach 400 m **Dagebüll Hafen**. An der Kreuzung *Halligweg* **49,2** biegen wir rechts ab, queren die Bahngleise, fahren bis zur Hauptstraße **49,4**, queren diese, schwenken links in den fahrbahnbegleitenden Radweg und erreichen nach 600 m unseren Ausgangspunkt am Bahnhof neben dem Fähranleger.

# Tour 8

**Ausgangspunkt:**
Marktplatz in **Bredstedt**

**Tourverlauf:**
Bredstedt – Stollberg – Hamburger Hallig – Bredstedt

**Auskunft:**
Tourismusverein Bredstedt und Umgebung
Markt 29
25821 Bredstedt
Tel.: 0 46 71 - 58 57
E-Mail: info@nordseeurlaub.sh
www.nordseeurlaub.sh

**Gesamtlänge der Tour: 35,9 km**

## Vom Naturerlebnispfad zur Hallig

**Bredstedt – Stollberg – Hamburger Hallig – Bredstedt**

Vom Markt in Bredstedt führt die Tour durch den Erlebnisraum Stollberg auf den 42 m hohen Stollberg, der höchsten Erhebung auf dem nordfriesischen Festland.

Wir radeln durch das Naturschutzgebiet Langenhorner Heide, an einem Findlingspfad und an Urnenfundstellen aus der Eisenzeit vorüber. Auf dem Stollberg kann die Aussichtsplattform am Funkturm bestiegen werden. Bei klarem Wetter reicht der Blick von dort weit über das Wattenmeer zu den Halligen am Horizont. Anschließend radeln wir durch eine der größten Salzwiesenflächen der Erde zur Hamburger Hallig. Im Sommer bietet die Badestelle auf der Hallig einen kühlenden Zwischenstopp und im Restaurant wird für das leibliche Wohl gesorgt.

## Unterwegs entdecken

**Hamburger Hallig**

Beschreibung siehe Seite 65

**Naturzentrum** in Bredstedt

Das sehr liebevoll gestaltete Naturmuseum informiert anschaulich über die unterschiedlichen Lebensräume zwischen Geest und Wattenmeer.

**Erlebnisraum Stollberg**

Nördlich von Bredstedt erhebt sich der Stollberg mit 42 m über NN. In dieser abwechslungsreichen Landschaft, die auf engstem Raum Wattenmeer, Marsch, Geest, Wälder und Heideflächen bietet, entstanden drei Rundwege von 1 km, 4,5 km und 6,5 km Länge sowie ein Lehrpfad in der Bordelumer Heide.

Auf den einzelnen Routen können Kinder und Erwachsene Naturphänomene und kulturell bedeutsame Stätten erkunden und deren Geschichte und Geschichten verstehen. Die einzelnen Stationen reichen vom Naturspielplatz über einen Findlingspfad, Raseneisenerz, Dünen, historische Knicks und Urnenfundstellen aus der Eisenzeit bis zur „Heiligen Quelle“.

Rund um den Stollberg sind fünf Radtouren ausgeschildert und führen zur Hamburger Hallig, nach Schlüttsiel, an der Geestkante entlang und rund um den Stollberg.

Langenhorner Heide
Dörpum
10,7
10,9
9,0
13,6
7,8
6,0
4,6
14,3
Sterdebüll
Ebüll
Funkturm auf
dem Stollberg
Bordelum-Kirche
2,5
2,9
12,6
West-Bordelum
15,3
17,7
16,2
Bordelum
B 5
17,1/33,3
Nationalpark
Schleswig-Holsteinisches
Wattenmeer
Sönke-
Nissen-
Koog
18,9
20,1
19,1
35,5
0,7
Naturmuseum
21,0
20,0
21,2
34,7
0,0
Bredstedt
Amsinck-
Haus
Reußen-
köge
23,0
Schafberg
Salzwiesen-
Lehrpfad
B 5
25,2
Hamburger Hallig
Wattwerkstatt

**Bredstedt – Stollberg – Hamburger Hallig – Bredstedt**

Ausgangspunkt ist die Tourist-Info auf dem Markt in **Bredstedt** 0,0. Von dort folgen wir dem Radwegweiser nach Dörpum und fahren auf der *Herrenstraße* zum Kreisverkehr 0,7. Von diesem schwenken wir in die *Dörpumer Chaussee*, queren die Bahnunterführung und biegen gleich danach links in den *Hochfahrweg* ein. An den Abzweigungen von zwei Sandwegen und der Straße *Galgenberg* fahren wir geradeaus, an der Kreuzung bei 2,5 noch mal geradeaus auf einem Sandweg in den Wald. Dieser Weg besteht mindestens seit dem 17. Jahrhundert und diente der Anbindung Dörpums an den Ochsenweg. Nach 400 m endet der Sandweg. Wir schwenken links in den fahrbahnbegleitenden Radweg und fahren auf diesem nach **Dörpum**. Dort biegen wir am Ortsanfang an der ersten Kreuzung 4,6 links in die Straße *Langacker* ein. An der nächsten Kreuzung 6,0 fahren wir geradeaus in den Heideweg, kommen durch das Naturschutzgebiet ***Bordelumer Heide***, radeln weiter auf dem *Heideweg* an zwei Abzweigungen 6,4 und 7,1 vorüber und queren die Bahngleise 7,5. Bei 7,8 überqueren wir **A** vorsichtig die *Bundesstraße 5*, fahren weiter geradeaus auf dem breiten Sandweg durch das Naturschutzgebiet mit Wald und Heideflächen. An der nächsten Wegkreuzung 8,3, an der rechts ein Lehrpfad durch die Heidelandschaft führt, fahren wir geradeaus.

An einer Ferienhaussiedlung geht der Sandweg in eine Asphaltstraße über 8,8. Wir queren die Kreuzung *Ole Landstraat* 9,0, biegen nach wenigen Metern rechts in die Straße *Leegeland* ein und kommen an einer Sukzessionsfläche 9,8 vorüber, die zum ***Naturerlebnisraum Stollberg*** gehört. Bei 10,0 fahren wir geradeaus in die Straße *Wachbargen*, an der eine ***Raseneisenerzfläche*** zu sehen ist, und erreichen **Bütjebüll**. An der ersten Kreuzung fahren wir geradeaus, bleiben auf der Straße *Wachbargen*, biegen an der T-Kreuzung links ab 10,4 in die Straße *Lund* und an der *Dörpstraat* noch mal links 10,7. Wir folgen der Rechtskurve der *Dörpstraat*, **A** biegen hinter dem Ortsschild **Bütjebüll** links in den *Bütjebüller Kirchenweg* ein, radeln an zwei Wegkreuzungen 11,5 und 11,9 geradeaus und erreichen **Ebüll**.

Am *Birkenweg* 12,1 fahren wir geradeaus, nach 50 m zweigt rechts ein ***Naturpfad*** mit Knick, Teich und Naturspielplatz ab. Wir fahren weiter geradeaus und schwenken an der nächsten Kreuzung, gegenüber der Straße *Am Schwimmbad*, nach links 12,6, verlassen den Ort und fahren an der folgenden Wegkreuzung 13,1 auf der Straße *Am Stollberg* geradeaus. Bei 13,6 biegen wir an der T-Kreuzung *Ole Landstraat/Am Stollberg* rechts ab, fahren an der Zufahrt zu einem Reiterhof vorbei und schwenken an der Weggabelung 13,7 rechts in den *Kirchen-*

*weg*. Nach 200 m erreichen wir den ***Findlingspfad***. Wir rollen bergab, kommen an der ***Urnenfundstelle*** aus der Eisenzeit vorüber und biegen bei 14,1 links in den ansteigenden Sandweg zum Funkturm ein.

Am ***Funkturm*** 14,3 lädt ein Rastplatz mit Panoramablick zur verdienten Pause ein. Eine Außentreppe führt am Funkturm noch etwa 20 m hoch zur ***Aussichtsplattform*** mit einer herrlichen Aussicht über Felder und Wiesen bis zum Wattenmeer und den Halligen. Anschließend rollen wir auf dem Sandweg wieder zur Straße zurück und biegen dort links ab 14,5 Nach 200 m schwenken wir nach rechts (weiterhin *Kirchenweg*) und rollen zur ***Bordelumer Kirche*** hinunter 15,3. An der Kreuzung neben der ***Kirche*** biegen wir rechts in den *Büttjebüller Kirchenweg* ein und folgen dem Radwegweiser zur Hamburger Hallig (A Fuß-/Radweg auf der linken Fahrbahnseite).

Bei 15,6 kommen wir am Zugang zur ***Bordelumer Heilquelle*** vorüber. Wer die Quelle besuchen möchte, geht durch das schmiedeeiserne Tor und folgt dem gemähten Grasweg bis zur Heilquelle (ca. 100 m).

A Am Ortsschild **Westbordelum** 15,8 wechselt der Fuß-/Radweg auf die rechte Fahrbahnseite. Wir fahren an der ersten Kreuzung geradeaus in den *Norderweg*, an der folgenden Weggabelung links in die *Twiete* 16,0 und an der nächsten Abzweigung noch mal links in den *Rademacherweg*. Gleich darauf queren wir A die Vorfahrtstraße und fahren geradeaus weiter 16,2 (Radwegweiser zur Hamburger Hallig).

Wir verlassen **Westbordelum** 16,4 und erreichen an der Biogasanlage eine T-Kreuzung 17,1.

Wer nicht zur Hamburger Hallig fahren möchte biegt hier links nach Bredstedt ab und folgt der weiteren Beschreibung ab 33,3.

Zur Hamburger Hallig biegen wir rechts ab, passieren eine kleine Brücke und schwenken bei 17,7 links in die Vorfahrtstraße. Mit einer leichten Rechtsbiegung 18,9 verlassen wir den Bordelumer Koog, überqueren die unscheinbare alte Deichlinie und fahren durch den Reußenkoog. In einer weit geschwungenen S-Kurve passieren wir den Deichdurchgang zum Sönke-Nissen-Koog 19,1.

An der T-Kreuzung 20,0 biegen wir rechts und nach 100 m links zur Hamburger Hallig ab. Am Seedeich 21,0 halten wir uns neben dem ***Amsinck-Haus*** (Ausstellung, Fahrradverleih, WC) und dem Nationalpark-Infostand halb rechts, passieren das Gatter neben der Schranke und überqueren den Deich. Am seeseitigen Deichfuß kreuzen wir den Nordseeküstenradweg 21,2. Auf dem Damm führt ein schmaler, für Kraftfahrzeuge gebührenpflichtiger Fahrweg und ein Fuß-/Radweg zwischen Salzwiesen hindurch zur Hamburger Hallig. Am ***Schafberg*** 23,0 lohnt sich ein Abstecher zur Hütte des Vogelwarts (Claus-Jürgen Reitmann-Haus). 200 Meter weiter führt ein ***Naturerlebnispfad*** durch die Salzwiesen.

Nach einer Rechtsbiegung fahren wir am Zugang zur ***Badestelle*** vorüber und erreichen bei 25,2 die Gebäude auf der **Hamburger Hallig**. Hier befindet sich ein Restaurant und eine Außenstelle des Nationalpark-Service mit Wattwerkstatt, in der das Watt „unter die Lupe" genommen werden kann.

Anschließend radeln wir 8,1 km auf dem gleichen Weg bis zur Abzweigung neben der Biogasanlage zurück 33,3.

Dort fahren wir geradeaus, radeln an der Abzweigung 33,5 geradeaus, folgen der Rechts- und Linkskurve der Straße und erreichen **Bredstedt** 34,7. Auf der Straße *Osterrade* radeln wir immer geradeaus und queren vier Kreuzungen. An der T-Kreuzung 35,5 biegen wir rechts in die *Gerichtsstraße* Richtung Husum und nach 100 m noch mal rechts in die *Hohle Gasse* ein.

An der *Rosenstraße* und *Brauerstraße* fahren wir geradeaus und erreichen am Markt 35,9 wieder unseren Ausgangspunkt.

# Tour 9

**Ausgangspunkt:**
Parkplatz am Holmer Siel auf **Nordstrand**

**Tourverlauf:**
Holmer Siel – Lüttmoorsiel – Hamburger Hallig – Lüttmoorsiel – Holmer Siel

**Auskunft:**
Kurverwaltung und Zimmervermittlung Nordstrand
Schulweg 4
25845 Nordstrand
Tel.: 0 48 42 - 4 54
E-Mail: info@nordstrand.de
www.nordstrand.de

**Gesamtlänge der Tour: 31,8 km**

## Immer am Deich entlang

**Holmer Siel – Lüttmoorsiel – Hamburger Hallig – Lüttmoorsiel – Holmer Siel**

Die Radtour vom Holmer Siel auf Nordstrand zur Hamburger Hallig zählt zu den beliebtesten Touren an diesem Küstenabschnitt. Wir radeln auf dem Nordseeküstenradweg am Wattenmeer und an ausgedehnten Salzwiesen entlang zur Hamburger Hallig. Die Rückfahrt führt am landseitigen Deichfuß durch das Naturschutzgebiet Beltringharder Koog mit seinen Flachwassergebieten. Wer diese Tour im Frühjahr zur Zeit des Vogelzugs unternimmt, kann neben unzähligen Wattvögeln Tausende von Weißwangen- und Ringelgänsen beobachten, die sich hier Fettreserven für den Weiterflug anfressen. Fast die gesamte Strecke ist für den Autoverkehr gesperrt oder nur eingeschränkt zugelassen.

## Unterwegs entdecken

**Hamburger Hallig**

Das Volgesbüller Vorland von Alt-Nordstrand kauften um 1625 die Brüder Amsinck, beide Hamburger Kaufleute. Sie deichten das Gebiet ein, um es als fruchtbares Weide- und Ackerland zu nutzten und nannten es Amsinck-Koog. Die 2. Mandränke zerstörte im Jahr 1634 Alt-Nordstrand. Nordstrand, Pellworm, die Hallig Nordstrandischmoor und der Amsinck-Koog blieben als Reste der alten Insel erhalten. In den folgenden Jahrzehnten ging trotz großer Bemühungen der Deichschutz des Amsinck-Kooges verloren und der Koog wurde zur Hallig.

1875 entstand die erste Festlandsverbindung zur Sicherung der Vorlandbildung. 1930 wurde die Hallig unter Naturschutz gestellt und gehört seit 1985 zum Nationalpark.

Auf der Hallig befindet sich eine Gastwirtschaft und eine Außenstelle des Nationalpark-Service mit Wattwerkstatt. Im Frühjahr rasten auf den Salzwiesen der Hamburger Hallig u.a. Tausende von Ringel- und Weißwangengänsen, auch Brutvögel finden in den unterschiedlich beweideten Salzwiesen ideale Bedingungen für die Aufzucht ihrer Jungen.

Bis zu 60 mal im Jahr wird auf der Hamburger Hallig „Land unter“ gemeldet: Bei Sturmflut stehen Vorland und Weg unter Wasser.

Bei drohendem „Land unter“ wird die Zufahrt zur Hallig gesperrt. Der Weg und die Warften sind dann ein wichtiger Rastplatz der Vögel.

**Beltringharder Koog**

siehe Seite 69

## Holmer Siel – Lüttmoorsiel – Hamburger Hallig – Lüttmoorsiel – Holmer Siel

Ausgangspunkt ist der Parkplatz ***Holmer Siel*** auf dem Deich am nordwestlichen Ende von **Nordstrand** (500 m südlich vom Holmer Siel). Von dort fahren wir in nördlicher Richtung ein Stück zum landseitigen Deichfuß hinunter und biegen an der ersten Weggabelung 0,3, ca. 200 m vor dem ***Holmer Siel***, links ab. Wir überqueren den Deich, schwenken am seeseitigen Deichweg nach rechts, passieren das Holmer Siel 0,6 und befinden uns nun auf dem ***Nordseeküstenradweg***. Bei 2,3 fahren wir an der Abzweigung zum Deich geradeaus. Bei stärkerem Wind aus Nordwest fährt man die beschriebene Strecke besser in umgekehrter Richtung. Man fährt dann auf dem windgeschützteren landseitigen Deichweg zur Hamburger Hallig und radelt anschließend an dem seeseitigen Deichweg mit dem Wind im Rücken zurück. Bei 3,9 kommen wir am Lüttmoorsiel vorüber und queren nach 500 m 4,4 die Gleise der Halligbahn, die zu unserer Linken durch das Wattenmeer nach Nordstrandischmoor führen. Anschließend radeln wir an der ***Badestelle Lüttmoorsiel*** vorüber, passieren bei 8,3 den kleinen Bootshafen von **Bordelumsiel** und fahren in einem weiten Linksbogen 10,2 an ausgedehnten Salzwiesen entlang.

Am nächsten Deichübergang 10,5 radeln wir geradeaus, passieren ein Gatter 11,2 und biegen an der Wegkreuzung links in den Damm zur Hamburger Hallig 11,8 ein. Auf dem Damm führt ein schmaler, für Kraftfahrzeuge gebührenpflichtiger Fahrweg zur Hamburger Hallig.

Wir fahren auf dem Rad-/Fußweg neben dem Fahrweg und kommen an der Besucher-Information *Schafberg* (NABU, Vogelwart) 13,4 vorüber. 200 m weiter führt ein *Naturerlebnispfad* durch die Salzwiesen. Ein besonderes Erlebnis ist der Weg zur Hallig während des Vogelzugs. Riesige Vogelschwärme rasten dann in den Salzwiesen. Am auffälligsten sind die Nonnen- und Ringelgänse.
Nach einer Rechtsbiegung fahren wir direkt auf die weißen Häuser der Hallig zu, kommen am Zugang zur *Badestelle* vorüber und erreichen bei 15,6 die Gebäude auf der **Hamburger Hallig**. Hier befindet sich ein Restaurant.
Neben dem Restaurant führt ein weiterer Weg zur Badestelle. Anschließend fahren wir über den Damm zurück, radeln wieder an der Schutzhütte auf dem *Schafberg* vorüber bis zum Festland 19,6. Dort queren wir den *Nordseeküstenradweg*, den wir auf dem Hinweg benutzt hatten, fahren jetzt geradeaus über den Deich und passieren am landseitigen Deichzugang das Gatter neben der Schrankenanlage. Dort befindet sich ein Infopavillon des Nationalpark-Service und das *Amsinck-Haus* mit Ausstellung, Fahrradverleih und WC. Wir halten uns rechts, fahren zwischen Deich und *Amsinck-Haus* hindurch und folgen nun dem landseitigen Deichweg in Richtung Lüttmoorsiel.
Bei 20,3 und 22,3 passieren wir jeweils ein Gatter und fahren an der Querstraße und an der Auffahrt zum Deich geradeaus. Bei 22,9 und am Zugang zum Naturschutzgebiet Beltringharder Koog (Infotafel) passieren wir eine Schranke und folgen dem Weg zwischen Deich und Speicherbecken. Anschließend radeln wir an der Sönke-Nissen-Koog-Schleuse 23,3 vorüber und fahren über den Querdeich am Ende des Speicherbeckens 23,9. An der nächsten Auffahrt zum Deich fahren wir geradeaus 26,5, passieren ein Gatter und wenig später die Bahngleise der Halligbahn 27,1 in **Lüttmoorsiel**. Gleich darauf fahren wir an der Abzweigung nach Bredstedt 27,2 geradeaus, kommen am Café mit Kiosk und einem Infopavillon des Nationalpark-Services vorüber und radeln weiter am landseitigen Deichfuß entlang. Nach weiteren 600 m passieren wir das Lüttmoorsiel. Durch das Lüttmoorsiel und Holmer Siel fließt der Gezeitenstrom in bzw. aus der Salzwasserlagune des **Beltringharder Kooges** ins Wattenmeer. Der Radweg führt nun an der *Salzwasserlagune* entlang. Dieser Flachwasserbereich dient zahlreichen Watvögeln bei Flut als Rückzugsgebiet. Wir fahren an einem weiteren Deichübergang 29,5, am **Holmer Siel** 31,0 und am Café (mit Kiosk) vorüber. Nach einem letzten Anstieg zur Deichkrone erreichen wir wieder unseren Ausgangspunkt.

# Tour 10

**Ausgangspunkt:**
Parkplatz am Holmer Siel auf **Nordstrand**

**Tourverlauf:**
Holmer Siel – Lüttmoorsiel – Arlau-Schleuse – Wobbenbüll – Holmer Siel

**Auskunft:**
Kurverwaltung und Zimmervermittlung
Nordstrand
Schulweg 4
25845 Nordstrand
Tel.: 0 48 42 - 4 54
E-Mail: info@nordstrand.de
www.nordstrand.de

**Gesamtlänge der Tour: 27,4 km**

## Vogelparadies hinterm Deich

**Holmer Siel – Lüttmoorsiel – Arlau-Schleuse – Wobbenbüll – Holmer Siel**

Auf der Tour rund um das Naturschutzgebiet Beltringharder Koog können Naturfreunde in den unterschiedlichen Flachwassergebieten und Salzwiesen die vielfältige Vogelwelt beobachten. Die Salzwasserlagune, an der wir auf dem Weg nach Lüttmoorsiel vorbei radeln, bietet zahlreichen Vogelarten einen geschützten Lebensraum und ist bei Flut Rückzugsgebiet der Wattenmeervögel. Austernfischer, Säbelschnäbler, Haubentaucher, Rotschenkel und zahlreiche Entenarten lassen sich vom Weg oder vom Deich aus gut beobachten. Am Lüttmoordamm befindet sich eine Beobachtungshütte und im ehemaligen Arlau-Schöpfwerk entstand neben einem Naturpfad das kleinste Naturkundemuseum Nordfrieslands.

## Unterwegs entdecken

### Beltringharder Koog

Aus Gründen des Küstenschutzes wurde die Nordstrander Bucht 1987 eingedeicht. Der neue Koog wurde, nach einem alten Verwaltungsbezirk des 1634 untergegangenen Alt-Nordstrands, Beltringharder Koog genannt. Zum Ausgleich der verloren gegangenen Wattflächen wurde der Koog unter Naturschutz gestellt. Die dicht nebeneinander liegenden Biotope bestehen aus zwei Speicherbecken, Lüttmoorsee, Holmer See, Salzwasserlagune, Sukzessionsfläche, Feucht- und Salzwiesen. Über zwei 6 Meter breite Sieltore strömt Meerwasser im Rhythmus der Gezeiten in bzw. aus der Lagune. Der Tiedenhub in der Lagune beträgt etwa 40 cm, im Wattenmeer vor dem Deich 3,50 Meter.

Der Koog und die neuen Deiche sind bei Hochwasser ein wichtiges Rückzugsgebiet für die Wattenmeervögel. Von den Deichen und vom Radweg aus lassen sich die Vögel gut beobachten.

Im **Arlau-Schöpfwerk** befindet sich ein kleines **Naturkundemuseum** und daneben führt ein Naturlehrpfad in den Koog.

# Tour 10

## Holmer Siel – Lüttmoorsiel – Arlau-Schleuse – Wobbenbüll – Holmer Siel

Ausgangspunkt ist der Parkplatz auf dem Deich am *Holmer Siel* auf Nordstrand **0,0**. Von dort fahren wir in nördlicher Richtung auf dem landseitigen Deichweg nach Lüttmoorsiel. An der Auffahrt zum Deich **0,3** halten wir uns rechts, fahren am *Holmer Siel* (Infotafel) vorüber und weiter durch das Naturschutzgebiet *Beltringharder Koog*. Der Weg führt zwischen Deich und Salzwasserlagune hindurch. Bei **2,2** radeln wir an der Auffahrt zum Deich vorüber, passieren das Lüttmoorsiel **3,9** und eine weitere Auffahrt zum Deich. Bevor die Gleise der Halligbahn den Weg queren **4,5**, verlassen wir in Lüttmoorsiel den *Nordseeküstenradweg*, biegen am Restaurant rechts ab und folgen nun dem *Lüttmoordamm*, der die Salzwasserlagune vom Lüttmoorsee trennt. Die angrenzenden Salzwiesen und die Sukzessionszone sind der Lebensraum zahlreicher Vogelarten. Auf der linken Seite führt ein knickgesäumter Weg zu einer ***Vogelbeobachtungshütte*** 7,3. Bei 8,2 verlassen wir den ***Beltringharder Koog***, passieren den Deich, biegen an der nächsten Kreuzung 8,7 rechts ab und folgen dem schmalen Fahrweg zwischen Feldern hindurch zur Arlau-Schleuse.

Nach einer Linksbiegung 9,5 führt der Fahrweg am Deichfuß entlang und steigt bei der ***Aussichtsplattform*** 9,9 zur Deichkrone an. Von der nur wenige Meter hohen Aussichtsplattform kann man den Blick über die Feuchtflächen und Seenlandschaft des Beltringharder Kooges schweifen lassen und das vielfältige Vogelleben beobachten.

Anschließend rollen wir wieder zum Deichfuß hinunter, kommen am Restaurant Deichgraf 11,2 vorüber (Aufgang zum Deich mit Blick über den Beltringharder Koog) und erreichen nach weiteren 500 m die ***Arlau-Schleuse***. Im ehemaligen Schöpfwerk Arlau-Schleuse befindet sich ein kleines ***Naturkundemuseum*** und daneben führt ein Deichübergang zum Naturpfad in den Beltringharder Koog.

An der Abzweigung nach Hattstedt fahren wir geradeaus Richtung Nordstrand 11,7 und passieren bei 12,7 das Jelstrom-Schöpfwerk. An der nächsten T-Kreuzung 13,7 biegen wir rechts ab, an der folgenden Weggabelung noch mal rechts 14,2 und bleiben auf dem Weg, der am Deichfuß entlangführt. In **Wobbenbüll** fahren wir auf dem *Deichweg* geradeaus, biegen anschließend rechts in die *Dorfstraße* (Vorfahrtstraße) ein 16,1 und erreichen bei 17,0 die Landesstraße von Husum nach Nordstrand. Hier biegen wir rechts in den Fahrweg neben der Landesstraße ein, der nur für Anlieger und Radfahrer frei ist. Nach 100 m fahren wir am *Endeweg* geradeaus und folgen nun dem fahrbahnbegleitenden Radweg über den Damm nach **Nordstrand**. Dort radeln wir an der Abzweigung nach Süderhafen 20,4 geradeaus, folgen anschließend der Linksbiegung des Radweges, kommen am Parkplatz mit Infotafeln 21,3 vorüber und biegen nach 200 m rechts in den *Süderquerweg* ein (Richtung Kurzentrum). An der Kreuzung *Längsweg* 22,3 fahren wir geradeaus und passieren wenig später den Deich, der den Pohnshalligkoog vom Morsumkoog trennt. An der Abzweigung des *Edomsharderweges* 23,3 radeln wir ebenfalls geradeaus, halten uns an der Weggabelung vor der Deichauffahrt 24,3 links, folgen auf dem Deich der Rechtsbiegung des Weges, rollen nach 300 m den Deich hinunter und schwenken vor der Sackgasse 24,7 nach links. Nachdem wir den ***Uthlander Windpark*** 25,4 passiert haben, biegen wir an der Kreuzung 25,7 rechts ab zum Beltringharder Koog, fahren an der nächsten Kreuzung 26,9 geradeaus und erreichen bei 27,4 wieder unseren Ausgangspunkt am Parkplatz auf dem Deich.

# Tour 11

**Ausgangspunkt:**
Fähranleger Strucklahnungshörn auf **Nordstrand**

**Tourverlauf:**
Strucklahnungshörn – Norden – Holmer Siel – Süderhafen – Westen – Strucklandshörn

**Auskunft:**
Kurverwaltung und Zimmervermittlung
Nordstrand
Schulweg 4
25845 Nordstrand
Tel.: 0 48 42 - 4 54
E-Mail: info@nordstrand.de
www.nordstrand.de

**Gesamtlänge der Tour: 27,7 km**

## Auf dem Nordseeküstenradweg um Nordstrand

### Strucklandshörn – Norden – Holmer Siel – Süderhafen – Westen – Strucklahnungshörn

Vom Fähranleger Strucklahnungshörn, an dem die Fähre nach Pellworm ablegt, folgt die Tour dem Nordseeküstenradweg am Wattenmeer entlang. Am Holmer Siel verlassen wir den Nordseeküstenradweg, radeln durch die Köge bis zum Straßendamm, der Nordstrand mit dem Festland verbindet und treffen dort wieder auf den Nordseeküstenradweg. Bis Süderhafen folgen wir dem Deich und können bei klarem Wetter über die Husumer Bucht bis nach Eiderstedt blicken.
An der Engelmühle verlassen wir den Deich, radeln durch die kleinen Ortschaften Herrendeich, Süden, Westen und kommen an der Badestelle Fulehörn vorüber (hier starten die Kutschfahrten zur Hallig Südfall).

## Unterwegs entdecken

**Nordstrand**
Der Untergang Alt-Nordstrands geschah in der großen Sturmflut 1634, der Zweiten Mandränke. Bei dieser Sturmflut fanden auf Alt-Nordstrand mehr als 6000 Menschen den Tod. Alt-Nordstrand wurde zerstört und übrig blieben die Inseln Nordstrand, Pellworm, Hallig Nordstrandischmoor und die Hamburger Hallig. Heute ist Nordstrand mit einem schützenden Deich umgeben und durch den Autodamm mit dem Festland verbunden. Seit der Eindeichung des Beltringharder Koogs verbindet ein weiterer Damm Nordstrand über Lüttmoorsiel mit dem Festland.

**Fährhafen Strucklandshörn**
In Strucklahnungshörn legen die Fähren der N.P.D.G. nach Pellworm ab. Auch Schiffsausflüge nach Hooge, Amrum, Sylt und zu den Seehundsbänken beginnen hier.

**Badestelle Fulehörn**
Von Fulehörn aus werden Wattwanderungen und Kutschfahrten zur Hallig Südfall angeboten.

**Engelmühle**
In der restaurierten Windmühle in Süderhafen befindet sich ein Café.

**Infozentrum des Nationalpark-Service**
Im Infozentrum werden Vorträge über das Leben im Wattenmeer angeboten. In einer Ausstellung werden unter anderem die Veränderungen des Wattenmeeres um Nordstrand in den vergangenen Jahrhunderten gezeigt.

**Kirchen**
Neben der evangelischen Kirche in Odenbüll gibt es in Süden eine katholische und eine altkatholische Kirche.

## Tour 11

### Strucklahnungshörn – Norden – Holmer Siel – Süderhafen – Westen – Strucklahnungshörn

Ausgangspunkt ist der Fähranleger Strucklahnungshörn **0,0**, an dem die Fähre nach Pellworm ablegt. Von dort fahren wir um den *Hafen* herum und folgen der Zufahrtstraße. **A** An der Abzweigung zum Parkplatz beginnt auf der linken Fahrbahnseite der Radweg. An der Abzweigung *Mitteldeich* **1,1** fahren wir einen Rechts-links-Schwenk, folgen nun dem Radweg parallel der Landesstraße und radeln in **Norden** an der Abzweigung zum *Infozentrum* des Nationalparks, *Kurzentrum* und *Hallenbad* **1,7** geradeaus. Mit einem Links-rechts-Schwenk überqueren wir die Straße *Norderhafen* **2,0** und eine kleine Brücke, kommen an einigen Restaurants vorbei, fahren mit einem Linksbogen auf dem schmalen

Asphaltweg zum Deich hinauf. Bei 2,7 biegen wir vor einigen Häusern links ab, folgen dem ***Nordseeküstenradweg***, passieren ein Gatter und schwenken am seewärtigen Deichfuß nach rechts. Nachdem der Treibelweg dicht an der Wattkante entlang führt 5,4, fahren wir an der nächsten Deichauffahrt geradeaus und biegen ca. 200 m vor dem Holmer Siel rechts ab, überqueren den Deich, schwenken anschließend nach rechts und am Parkplatz auf dem Deich nach links 6,1.

An der Kreuzung 6,5, an der es rechts zum Campingplatz geht, fahren wir weiter geradeaus durch den Elisabeth-Sophien-Koog, kommen an einzelnen Gehöften vorüber und biegen an der nächsten Kreuzung 7,8 links ab. Nach 300 m fahren wir am ***Uthlander Windpark*** vorüber, folgen der Rechtskurve 8,9 und fahren den Deich hinauf. An der Abzweigung zu einem Haus radeln wir geradeaus, rollen nach einer Linksbiegung 9,1 den Deich hinunter und fahren auf dem *Hüttenweg* an der Abzweigung *Edomsharder Weg* 10,3 geradeaus. Bei 11,0 passieren wir den Deich, der den Morsumkoog vom Pohnshalligkoog trennt, und radeln gleich darauf an der Kreuzung geradeaus in den *Süderquerweg*. An dessen Ende 12,0 schwenken wir links in den fahrbahnbegleitenden Radweg der *Pohnshalligkoogstraße* Richtung Husum, radeln am Parkplatz mit einigen Infotafeln vorüber, folgen dem weiten Rechtsbogen des Radweges und fahren den Deich hinauf.

Auf der Deichkrone 13,0 biegen wir rechts nach Süderhafen ab, queren **A** die Straße nach Husum, halten uns nach 100 m an der Weggabelung rechts (Richtung Süderhafen) und folgen wieder dem ***Nordseeküstenradweg***. An der Schäferei passieren wir ein Gatter 13,5, fahren am landseitigen Deichfuß entlang und passieren zwei weitere Gatter sowie einen Grasweg. An der Auffahrt, die im spitzen Winkel den Deich hinaufführt, 15,0 und an dem Weg, der neben einer Infotafel abzweigt, fahren wir geradeaus. Bei 15,5 und 16,1 passieren wir nochmals Gatter, fahren an einem Querweg geradeaus und halten uns an der Weggabelung links 16,2. Wir folgen dem ***Nordseeküstenradweg***, fahren über den Deich und schwenken rechts in den seeseitigen Deichfuß. Zu unserer Linken erstrecken sich ausgedehnte Salzwiesen, in denen sich besonders während des Vogelzugs und in der Brutzeit zahlreiche Vögel beobachten lassen.

Bei 18,7 passieren wir ein Gatter, fahren geradeaus auf das Silo von **Süderhafen** zu und schwenken direkt vor dem Gebäude nach links, umfahren das Silo im Uhrzeigersinn und biegen an der Straße, die auf dem Deich verläuft 18,9, nochmals links ab. An der Abzweigung der Straße *Süderhafen* 19,0 fahren wir geradeaus.

**Abstecher:**
Zur ***Engelmühle*** (Café) biegen wir rechts in die Straße *Süderhafen* ein.

An der Abzweigung *Moordeich* fahren wir geradeaus 19,5 und folgen dem fahrbahnbegleitenden Radweg der *Evensbüller Chaussee* Richtung Süden. Auf dem *Herrendeich* 22,4 fahren wir geradeaus. Hier geht die *Evensbüller Chaussee* an der Kreuzung *Schulweg* in den *Herrendeich* über. An den Abzweigungen zum Elisabeth-Sophien-Koog 22,8 und 23,4 fahren wir geradeaus (Richtung Fähre Pellworm).

Bei 23,8 erreichen wir **Süden** und fahren an den Abzweigungen, die rechts und links zu den ***Kirchen*** führen, geradeaus.

**Abstecher:**
Zur katholischen ***Kirche St. Knud*** biegen wir ca. 30 m vor dem Ortsschild Süden links ab (150 m), zur altkatholischen ***Kirche*** 100 m nach dem Ortsschild rechts (100 m).

Vor der Inseltöpferei 24,0 biegen wir links ab und lassen den *Fasanenweg* linker Hand. An der Weggabelung bei 24,3 halten wir uns rechts, passieren einen Deichdurchgang, radeln durch **Westen** und fahren an der Abzweigung *Kreuzweg* geradeaus 25,7. Am Ortsende von **Westen** (Info-Pavillon Nationalpark) 26,0 folgen wir dem ***Nordseeküstenradweg***, überqueren den Deich und schwenken am seewärtigen Deichfuß nach rechts.

**Abstecher:**
Links geht es zur ***Badestelle Fulehörn***. Dort beginnen auch die Wattwanderungen und Kutschfahrten zur Hallig Südfall.

Bei 27,6 passieren wir ein Gatter, fahren anschließend zum Deich hinauf und erreichen wieder den ***Fähranleger Strucklahnungshörn*** 27,7.

# Tour 12

**Ausgangspunkt:**
Parkplatz Dockkoog/Ecke Porrenkoogweg
in **Husum**

**Tourverlauf:**
Husum – Schobüll – Wobbenbüll – Hattstedt – Husum

**Auskunft:**
Tourismus und
Stadtmarketing Husum GmbH
Großstraße 27
25813 Husum
Tel. 0 48 41 - 8 98 70
E-Mail: husum-tourismus.de
www.husum-tourismus.de

**Gesamtlänge der Tour: 19,9 km**

## Küste ohne Deich

### Husum–Schobüll–Wobbenbüll–Hattstedt–Husum

Von Husum, der gar nicht so „grauen Stadt am Meer“, führt die Tour am Wattenmeer entlang nach Schobüll. Dort erreichen wir die einzige Stelle am nordfriesischen Festland, deren Küste nicht durch einen Deich geschützt wird. Die in der Eiszeit entstandene Geestkante reicht hier bis ans Meer und schützt das Hinterland. In Schobüll lohnt sich ein Abstecher zu den Badebrücken und zum Salzwiesenpfad. An einer Badebrücke sind die höchsten Wasserstände der Sturmfluten seit 1364 markiert. Anschließend radeln wir über Wobbenbüll und Hattstedt zurück nach Husum, wo sich ein Stadtbummel durch die Altstadt mit dem Hafen, den Stormhäusern und Museen empfiehlt.

## Unterwegs entdecken

**Husum**

Die „graue Stadt am Meer“, wie Theodor Storm Husum nannte, hat ihr unscheinbares Grau abgelegt und ist heute eine farbenprächtige Stadt. Besonders im März und April, wenn über 400000 Krokusse den Frühling begrüßen und den Schlosspark in einen blauvioletten Blütenteppich verwandeln.

Die Stadt mit etwa 20000 Einwohnern ist das wirtschaftliche und kulturelle Zentrum Nordfrieslands. Auf dem neu gestalteten Nordufer des Binnenhafens pulsiert nicht nur an den Hafentagen und beim Krabbenfest das Leben. Die kleinen schmucken Bürger- und Fischerhäuser, der Marktplatz mit dem Tinebrunnen, die Marienkirche und Museen laden zu einem ausgedehnten Stadtrundgang ein. Ein ausgeschilderter Stadtrundgang, für den die Touristinformation einen Plan bereit hält, führt durch die Altstadt an sehenswerten Gebäuden wie dem Theodor-Storm-Haus, dem Nissenhaus mit dem Friesenmuseum und dem Schifffahrtsmuseum sowie dem Schloss vorüber.

**Schobüll**

In Schobüll mit seinem sehenswerten Kirchlein am Meer reicht die Geestkante bis ans Wattenmeer. Es ist der einzige Küstenabschnitt an der nordfriesischen Festlandsküste, der keinen Deich hat.

# Tour 12

### Husum – Schobüll – Wobbenbüll – Hattstedt – Husum

Ein Stadtplan von Husum (inkl. der Sehenswürdigkeiten) befindet sich auf Seite 105

Ausgangspunkt ist der Parkplatz *Dockkoog*/ Ecke *Porrenkoogweg* am ***Außenhafen*** in **Husum** 0,0. Von dort biegen wir rechts in die Straße *Dockkoog* ein und radeln Richtung Badestelle. An der Seeschleuse 1,1 wechseln wir auf den Fuß-/Radweg und folgen dem fahrbahnbegleitenden Radweg. Am Deichübergang zum Badestrand überqueren wir die Straße, biegen links ab, passieren ein Gatter und radeln über den Deich. Anschließend schwenken wir nach rechts, fahren an der DLRG-Station und dem Badestrand mit Strandkörben vorbei. An der nächsten Weggabelung halten wir uns links, passieren ein weiteres Gatter 2,5.

Wir radeln weiter am Deich entlang, fahren an einem Deichübergang 3,7 geradeaus und passieren drei Gatter 3,1, 4,5, 4,7. An der Wegkreuzung mit einem Übergang zum Deich 4,9 biegen wir links ab und passieren nochmals ein Gatter. Der Deich endet am ansteigenden Geestrücken. Bei 5,1 erreichen wir das erste Haus von **Schobüll**, radeln auf dem *Deichweg*, der bei 5,5 in die *Alte Dorfstraße* übergeht, geradeaus und fahren an kleinen Seitenstraßen und am Fußweg zum Strand vorüber. An der Weggabelung 5,8 halten wir uns links, folgen dem Radwegweiser und biegen gleich darauf an der Vorfahrtstraße nochmal links in den fahrbahnbegleitenden Radweg nach Nordstrand ab. Auf dem Fuß-/Radweg kommen wir am ***Zugang zum Strand*** 6,0 mit Badebrücke und Infostand des Nationalparks vorüber. Ein Abstecher zur Badebrücke (300 m) ist empfehlenswert. Neben der Brücke befindet sich ein Pfahl, an dem die Wasserstände der höchsten Sturmfluten seit 1364 angegeben sind.

Anschließend fahren wir am *Heideweg* 6,1 geradeaus.

**Abstecher** zur Kirche:
Rechts in den *Heideweg* einbiegen.
Nach 100 m liegt das ***Kirchlein am Meer*** auf der linken Seite.

Wir verlassen **Schobüll** und kommen an einem weiteren Fußweg zum Strand 6,9 vorüber. **A** Bei 7,2 wechselt der Radweg von der linken auf die rechte Fahrbahnseite.

Am Beginn des Straßendammes nach Nordstrand 8,0 biegen wir rechts nach **Wobbenbüll** ab, fahren auf der *Dorfstraße*, am *Süderweg* sowie an der Kreuzung *Schachtweg* (Ortsplan) geradeaus und biegen an der nächsten Abzweigung rechts in den *Deckersweg* ein 8,4. Wir radeln geradeaus über die Kreuzung *Borgerweg* in den *Mühlenweg* (**A** Fuß-/Radweg auf der linken Fahrbahnseite), fahren an drei Seitenstraßen vorüber und erreichen die ersten Häuser von **Hattstedt** 9,9.

**A** Der Radweg endet am Ortsanfang. Wir fahren weiter geradeaus auf der *Nordseestraße*, biegen vor der ***Kirche*** links in den *Kirchenweg* 10,7 und nach 200 m, gleich hinter dem Gasthof, rechts in *De Straat* Richtung Bredstedt ein. An den Abzweigungen *Alter Schulweg* und *Gaade* radeln wir geradeaus Richtung Husum, schwenken an der nächsten Weggabelung rechts in den *Lindenweg* 12,4, biegen an der T-Kreuzung 12,6 links und gleich darauf rechts in den *Alten Husumer Weg* ein. Wir verlassen **Hattstedt** 12,7 und fahren die nächsten 2,5 km geradeaus.

An der Abzweigung *Beken* erreichen wir **Hockensbüll** 15,3, fahren noch weiter geradeaus auf der *Alten Landstraße* und passieren die Straße *Mühlenberg*. Wenige Meter hinter der Rechtskurve 15,7 biegen wir links ab (Radwegweiser), schwenken vor einer Brücke nach rechts und an der Hauptstraße links nach

Husum **16,0**. Auf dem fahrbahnbegleitenden Radweg radeln wir immer geradeaus an der ***Jugendherberge*** vorüber bis zur Eisenbahnbrücke **17,5**.
Am Ende der Eisenbahnbrücke fahren wir an der ersten Querstraße (**A** kein Radwegweiser!) mit einen Links-rechts-Schwenk in die *Schobüller Straße* (nicht geradeaus durch die Unterführung). Wir erreichen die große Kreuzung an der *Bredstedter Straße* **17,8**, folgen dem Radwegweiser Richtung Zentrum, schwenken halb rechts in die *Marktstraße* (**A** fahrbahnbegleitender Fuß-/Radweg auf der linken Seite), radeln am *Stadtweg* (Wegweiser zum Zentrum) geradeaus bis zum ***Wasserturm*** **18,2**. Direkt vor dem Wasserturm biegen wir links ab, fahren am ***Schlosspark*** entlang, schwenken an der T-Kreuzung **18,5** nach rechts und fahren weiter auf dem *Erichsenweg*. Mit einem Rechts-links-Schwenk überqueren wir den *Asmussenweg* **18,9** und radeln über die *Schulstraße* zum Marktplatz mit dem ***Tinebrunnen***. Vor dem Marktplatz biegen wir rechts in die Großstraße ein **19,0**, fahren am alten ***Rathaus*** (Touristinfo) vorüber und biegen am Ende der *Großstraße* **19,4** links in die *Hohle Gasse* ein. Vor dem ***Binnenhafen*** **19,6** schwenken wir rechts in die *Hafenstraße*.

**Abstecher:**
Zum ***Schifffahrtsmuseum*** links abbiegen und am Ende der Mole rechts.

Neben dem „Infopoint" führt eine Treppe zur Unterführung hinunter. Durch diese gelangen wir zum ***Außenhafen***, schwenken gleich darauf rechts in den *Fritz-Lorenzen-Gang*, queren nach wenigen Metern mit einem Links-rechts-Schwenk die Vorfahrtstraße und erreichen wieder unseren Ausgangspunkt.

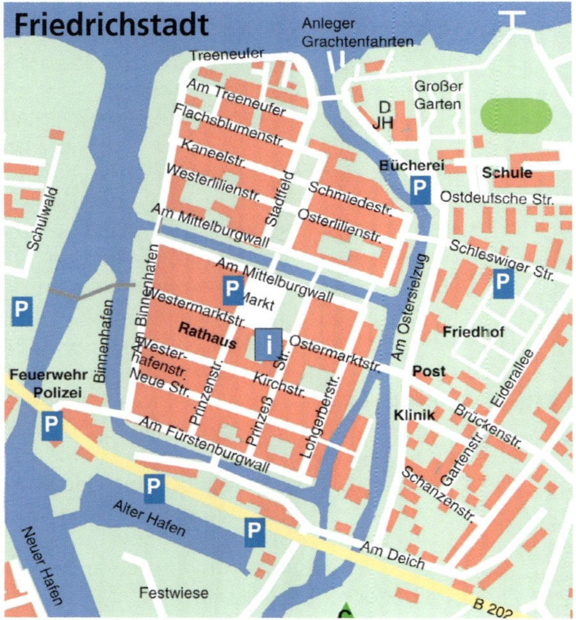
Friedrichstadt
Anleger Grachtenfahrten
Treeneufer
Am Treeneufer
Flachsblumenstr.
Kaneelstr.
Westerlilienstr.
Stadtfeld
Schmiedestr.
Osterlilienstr.
Am Mittelburgwall
Großer Garten
D JH
Bücherei
Schule
Ostdeutsche Str.
Schleswiger Str.
Am Ostersielzug
Friedhof
Post
Klinik
Eiderallee
Brückenstr.
Gartenstr.
Schanzenstr.
Markt
Westermarktstr.
Rathaus
Ostermarktstr.
Kirchstr.
Lohgerberstr.
Prinzeß
Prinzenstr.
Westerhafenstr.
Neue Str.
Am Binnenhafen
Binnenhafen
Schulwald
Feuerwehr
Polizei
Am Fürstenburgwall
Alter Hafen
Neuer Hafen
Festwiese
Am Deich
B 202

# Tour 13

**Ausgangspunkt:**
Marktplatz mit dem alten Brunnen
in **Friedrichstadt**

**Tourverlauf:**
Friedrichstadt – Koldenbüttel – Husum – Witzwort – Friedrichstadt

**Auskunft:**
Tourist Information Friedrichstadt
Am Markt 9, 25840 Friedrichstadt
Tel. 0 48 81 - 93 93 0
E-Mail: info@friedrichstadt.de
www.friedrichstadt.de

**Gesamtlänge der Tour: 40,0 km**

## Vom Holländerstädtchen zur „grauen Stadt am Meer“

### Friedrichstadt – Koldenbüttel – Husum – Witzwort – Friedrichstadt

Vom Markptlatz in Friedrichstadt, dem „Klein Amsterdam“ an Eider und Treene, führt die Tour durch die Südermarsch nach Husum, Theodor Storms „grauer Stadt am Meer“. Heute hat die Stadt längst ihr graues Gewand abgelegt. Im Frühjahr kann Husum mit einer besonderen Farbenpracht aufwarten. Im Schlosspark blühen dann 400 000 Krokusse und verwandeln den Park in einen lilafarbenen Blütenteppich. Husum ist mit seinen Museen und Storm-Stätten das kulturelle Zentrum Nordfrieslands. Vielleicht folgen Sie bei einem Stadtbummel dem ausgeschilderten Kulturpfad durch die sehenswerte Altstadt. Anschließend radeln wir über Witzwort nach Friedrichstadt zurück.

## Unterwegs entdecken

**Friedrichstadt**

Am Zusammenfluss von Treene und Eider gründete Herzog Friedrich III. 1621 den Ort und ließ ihn von holländischen Remonstranten erbauen. Es entstand ein Ort nach holländischem Vorbild, was dem Ort den Beinamen Klein Amsterdam einbrachte. An den alten Häusern mit prächtigen Treppengiebeln ist der Einfluss der holländischen Renaissance deutlich erkennbar. Bei einem Stadtbummel trifft man auf Schritt und Tritt auf gut erhaltene Zeugnisse der Vergangenheit. Vor den schmucken, kleinen Häusern blühen Rosen, und überall führen kleine Brücken über die Grachten, auf denen Ausflugsschiffe dahingleiten. Wer sich die Stadt in aller Ruhe anschauen möchte, dem sei eine Grachtenfahrt empfohlen.

**Husum**

Beschreibung siehe Seite 79

## Friedrichstadt – Koldenbüttel – Husum – Witzwort – Friedrichstadt

Ein Stadtplan von Friedrichstadt befindet sich auf Seite 83, von Husum (inkl. der Sehenswürdigkeiten) auf Seite 105.

Ausgangspunkt ist der ***Marktplatz*** in **Friedrichstadt** 0,0. Vom ***Brunnen*** auf dem Marktplatz schwenken wir nach rechts, die Häuserzeile mit den ***malerischen Treppengiebeln*** zu unserer Linken, queren eine Grachtenbrücke und biegen links in die Straße *Am Mittelburgwall* ein. Wir kommen am ***Museum*** auf der gegenüberliegenden Grachtenseite vorüber, biegen vor der Treene links ab und fahren noch mal über eine Grachtenbrücke 0,2. Nach 100 m biegen wir rechts ab, radeln auf dem Fuß-/Radweg Richtung Bahnhof, schwen-

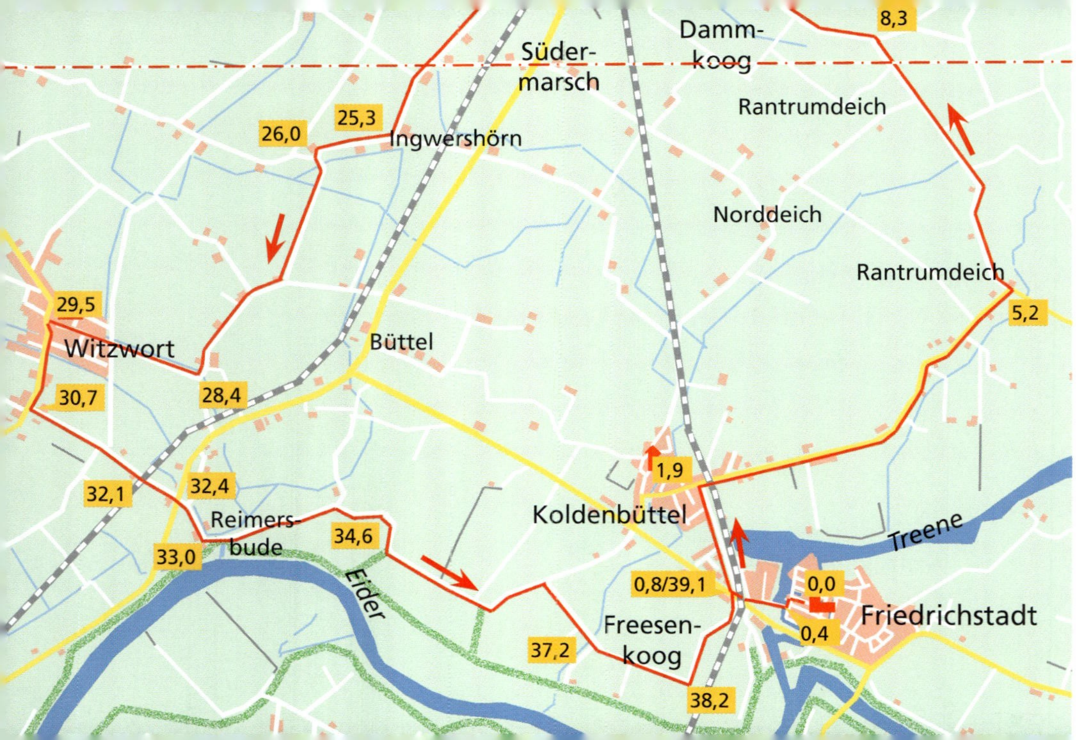


ken an der nächsten Wegkreuzung rechts über die blaue Treenebrücke **0,4** und fahren anschließend geradeaus. Wir queren eine kleine Straße, radeln an einer Spielwiese vorüber, passieren eine Brücke und erreichen bei **0,7** die *Bahnhofstraße*. Hier schwenken wir nach links, biegen gleich darauf rechts in die *Tönninger Straße* ein, queren die Bahngleise, biegen nach wenigen Metern nochmals rechts ab in den Treenedeich **0,8** und folgen dem Radwegweiser nach Husum.

In **Koldenbüttel** fahren wir an der Weggabelung geradeaus auf der *Witzworter Straße* **1,3**, biegen bei **1,9** rechts in die *Mühlenstraße* ein und queren ein weiteres mal die Bahngleise. Nach einer langgezogene S-Kurve **4,5** fahren wir an einem Spurplattenweg **5,0** geradeaus, biegen anschließend in **Rantrumdeich** in der scharfen Rechtskurve **5,2** links ab und folgen dem Radwegweiser nach Husum. An den Abzweigungen bei **7,0** und **7,4** fahren wir geradeaus, schwenken vom

*Rantrumdeich* links in die *Rantrumer Straße* 8,3, fahren auf dieser an der Abzweigung 10,1 und nach 700 m an der Kreuzung nach Mildstedt geradeaus.
Bei 11,1 queren wir die Bahngleise, folgen der scharfen Linkskurve und schwenken rechts in den *Heikebüller Weg* 11,2. (Bis hier fahren wir später von Husum wieder zurück.)
An der Querstraße 12,4, die rechts über die Bahngleise führt, fahren wir geradeaus, ebenso an der Einmündung eines Sandweges 14,2. Anschließend passieren wir die Unterführung der Bundesstraße 14,4 und folgen gleich darauf der scharfen Linkskurve. Hinter dem Ortsschild **Husum** biegen wir rechts ab, nach weiteren 100 m *Am Langedeich* links. An deren Ende schwenken wir nach rechts in die *Wilhelmstraße*, queren die *Friedrichstraße* 15,7 und fahren an der Kreuzung *Beseler Straße* geradeaus durch die Bahnunterführung. An der nächsten Kreuzung radeln wir ebenfalls geradeaus in den *Damm* 16,4 und erreichen das ***Schifffahrtsmuseum*** wenige Meter vor dem ***Binnenhafen*** 16,6.
Nach einem Stadtrundgang (Stadtplan siehe Seite 105) fahren wir auf der gleichen Strecke wie auf der Hinfahrt 5,4 km zurück.
Bei 22,0 verlassen wir die bekannte Strecke und biegen vom *Heikebüller Weg* rechts nach Witzwort ab. **A** Vorsichtig überqueren wir die Bundesstraße 22,9, fahren auf der Straße *Platenhörn* an den Abzweigungen nach Norddeich 24,5 und neben einem weißen Reetdachhaus 24,7 geradeaus. Vor einem Gehöft 25,3 folgen wir dem Radwegweiser, schwenken nach rechts in den *Ingwershörner Deich*, vor einem weiteren Gehöft nach links (Radwegweiser) 26,0 und in **Riesbülldeich** 27,2 nach rechts. Bei 27,6 geht die Straße *Riesbülldeich* in den *Flöhdorfer Weg* über. Anschließend fahren wir am *Walldeich* 27,6 sowie am *Papenbergweg* 28,4 geradeaus, passieren eine kleine Brücke und biegen vom *Flöhdorfer Weg* rechts in den *Kirchenweg* ein.
In **Witzwort** 29,3 fahren wir immer geradeaus bis zur ***Kirche*** und biegen dort links in die *Dorfstraße* Richtung Tönning ein (29,5 km). **A** Am Ortsende beginnt auf der linken Fahrbahnseite ein Fuß-/Radweg.
An der NordseeMilch e.G. biegen wir links zum Bahnhof 30,7 ab, radeln an der Abzweigung nach Oldenswort geradeaus 31,6 und passieren am Haltepunkt Witzwort 32,1 die Bahngleise. Bei 32,4 **A** queren wir die Bundesstraße 5, fahren geradeaus nach **Reimersbude** und kommen an der Zufahrt zur Keramikwerkstatt vorbei 33,0. Wir fahren den Deich hinauf, schwenken auf der Deichkrone nach links und passieren die Schleusenanlage. Daneben lädt ein kleiner Rastplatz mit herrlichem Ausblick über die Eider zur Pause ein. Auf der Straße *Mitteldeich* folgen wir dem leichten Rechtsbogen, bevor der Weg in der Nähe eines kleinen Gehölzes 34,6 in einen Spurplattenweg übergeht. Wir passieren einen Binnendeich 35,0, fahren am *Ziegelei-*

*weg* 35,5 auf einen Spurplattenweg und am *Grünen Weg* geradeaus. Bei 36,6 biegen wir rechts in den *Freesenkoog* ein und passieren die Brücke neben dem Schöpfwerk Saxfähre 37,2. Der Name stammt vom ehemaligen Fähranleger zur Eiderüberquerung.

Wir folgen dem Links-rechts-Schwenk und der Linksbiegung 38,2 des Weges und schwenken vor den Bahngleisen in **Friedrichstadt** 39,1 nach links. Anschließend biegen wir rechts in die Bundesstraße ein, queren die Bahngleise, biegen nach 50 m **A** links in die *Bahnhofstraße* und gleich darauf rechts in den Fuß-/Radweg. Durch **Friedrichstadt** fahren wir nun auf der gleichen Strecke wie auf der Hinfahrt zum ***Marktplatz*** zurück.

# Tour 14

**Ausgangspunkt:**
Marktplatz mit dem alten Brunnen
in **Friedrichstadt**

**Tourverlauf:**
Friedrichstadt – Seeth – Drage – (Schleuse Nordfeld) – Friedrichstadt

**Auskunft:**
Tourist Information Friedrichstadt
Am Markt 9, 25840 Friedrichstadt
Tel. 0 48 81 - 93 93 0
E-Mail: info@friedrichstadt.de
www.friedrichstadt.de

**Gesamtlänge der Tour: 15,2 km, mit Abstecher zur Schleuse Nordfeld 17,8 km**

## Zwischen Treene und Eider

**Friedrichstadt – Seeth – Drage – (Schleuse Nordfeld) – Friedrichstadt**

Vom Marktplatz in Friedrichstadt, dem „Klein Amsterdam“ mit seinen malerischen Giebelhäusern, führt die Tour in die Köge zwischen Eider und Treene. Wir radeln an saftig grünen Wiesen entlang, fahren durch die beiden kleinen Ortschaften Seeth und Drage bis zum Eiderdeich. Hier empfiehlt sich ein Abstecher zur Schleuse Nordfeld, auf der man die Eider überqueren kann. Mit etwas Glück kann man sogar erleben, wie ein Schiff geschleust wird. Anschließend radeln wir am Eiderdeich zurück nach Friedrichstadt. Wer Treene, Eider und Grachten in aller Ruhe erleben möchte, mietet sich vielleicht ein Boot und tauscht die Fahrradpedalen gegen die eines Tretbootes oder lässt sich auf einem der Grachtenschiffe durch die Stadt schippern.

## Unterwegs entdecken

**Friedrichstadt**
Beschreibung siehe Seite 85

**Eiderdeiche**
Aus den Marschen fließen beachtliche Wassermengen in die Eider. Bei Sturmfluten hieß es manchmal bis nach Rendsburg „Land unter“. Durch den Bau der Schleuse Nordfeld blieb zwar die Untereider-Region verschont, aber Friedrichstadt und Tönning waren stärker als vorher durch Hochwasser bedroht. Durch den Bau des Eidersperrwerks 1973 wurde der Gezeitenstrom auch auf der oberen Eider reguliert. Die Eiderdeiche zwischen Nordfeld und der Eidermündung lassen ahnen, welchen Respekt man vor den Wassermassen hatte.

**Schleuse Nordfeld**
Um die Untereider vor Hochfluten zu schützen, entstand 1936 das Sperrwerk Nordfeld mit einer Schleuse. Wenn keine Schleusung stattfindet, kann die Schleuse zu Fuß oder mit dem Fahrrad überquert werden (Lichtzeichenanlage beachten).

# Tour 14

**Friedrichstadt – Seeth – Drage – (Schleuse Nordfeld) – Friedrichstadt**

Ein Stadtplan von Friedrichstadt befindet sich auf Seite 83

Vom ***Brunnen*** auf dem Markt in **Friedrichstadt** **0,0** wenden wir uns nach links zum Alten Amtsgericht, biegen links in die Straße *Am Markt* ein und kommen an der Touristinformation vorbei. An der *Prinzeßstraße* fahren wir geradeaus in die *Ostermarktstraße*, passieren die *Lohgerber Straße* **0,1**, fahren über eine Grachtenbrücke und radeln *Am Ostersielzug* geradeaus. Wir folgen bei **0,3** dem Radwegweiser nach Schwabstedt und biegen an der Kreuzung links in die *Eiderallee* ein. Am Ende der *Eiderallee* schwenken wir an der Kreuzung **0,6** nach rechts in die *Schleswiger Straße* (Kleeblatttour 1a) und fahren auf dem fahrbahnbegleitenden Radweg auf der linken Straßenseite. Bei **0,9** biegen wir links in die Straße *Tegelhoff* ein (Achtung! Kein Radwegweiser) und fahren nach einer Linkskurve auf einem Binnendeich **2,0**. Vor einem Reitplatz **2,4** biegen wir rechts ab, rollen zum Deichfuß hinunter, halten uns vor einem kleinen Rastplatz noch mal rechts und folgen einer weiten S-Kurve. Bei

4,8 folgen wir der Linksbiegung (Radwegweiser), gleich darauf der Rechtskurve, fahren an den nächsten drei Abzweigungen 5,0, 5,4 und 5,6 geradeaus und biegen an der Vorfahrtstraße 6,2 rechts nach Seeth ab. An der Abzweigung der Kleeblatt-Tour 6,3 fahren wir geradeaus, halten uns an der Weggabelung in **Seeth** links und radeln auf der Straße *Gööstraat* bis zur Abzweigung nach Kiel/ Friedrichstadt 6,7. Dort biegen wir links ab, queren A vorsichtig die Vorfahrtstraße und biegen in den *Schulring* ein 6,8. Nach 100 m schwenken wir nach links (weiterhin *Schulring*), an der nächsten Abzweigung noch mal links in die Straße *Op de Geest* und folgen mit einem Links-rechts-Schwenk dem Wegweiser der Kleeblatt-Tour 7,1. An den Abzweigungen bei 7,3 und 7,4 fahren wir geradeaus und verlassen **Seeth** 7,7.

In **Drage** biegen wir vom *Mühlenweg* in die Straße *Achterum* ein und folgen dem ***Eider-Treene-Sorge-Radweg*** 8,1. Bei 8,4 schwenken wir links in den *Meiereiweg*, mit einem Rechts-links-Schwenk in den *Bäckerweg* 8,5, fahren am *Schmiedeweg* 8,7 geradeaus und biegen gleich darauf rechts in den *Deichweg* ein. Nach 200 m fahren wir an der Kreuzung *Westerstraße* 8,9 geradeaus in den *Moordeich*, passieren ein Gatter 9,2, folgen anschließend einem Spurplattenweg auf dem Binnendeich und halten uns vor dem Eiderdeich 10,0 rechts.

**Abstecher:**
Zur Schleuse Nordfeld (ca. 1,3 km) biegen wir links ab, passieren ein weiteres Gatter und fahren am Eiderdeich entlang. Nach einer Linkskurve biegen wir rechts in den Fahrweg ein. Nach 200 m halten wir uns rechts, passieren ein weiteres Gatter und fahren über den Deich zur Schleuse Nordfeld. Auf der Schleusenanlage kann man die Eider überqueren (Ampelanlage beachten).

Wir radeln auf dem Spurplattenweg am Deichfuß entlang, fahren an der Abzweigung bei 10,3 geradeaus, kommen an einem einzelnen Haus vorbei, halten uns an der Abzweigung 11,2 links und fahren weiter auf dem Spurplattenweg zwischen Deich und Entwässerungskanal hindurch.

Nach einer Rechtskurve 12,2 radeln wir an der Abzweigung bei 13,3 geradeaus, und passieren ein Gatter bei der Käranlage 13,9. Bei 14,2 schwenken wir an der Bundesstraße nach rechts, folgen dem Radwegweiser Richtung Friedrichstadt Zentrum, A queren anschließend vier Fahrspuren der B 202 und biegen in den fahrbahnbegleitenden Radweg der *Tönninger Straße* ein. An der nächsten Abzweigung 14,6 biegen wir in **Friedrichstadt** rechts in den Radweg ein, fahren an der Abzweigung nach Seeth 14,9, an der wir auf der Hinfahrt abgebogen sind, geradeaus und gelangen über die *Ostermarktstraße* wieder zu unserem Ausgangspunkt am Marktplatz.

# Tour 15

**Ausgangspunkt:**
Marktplatz mit dem alten Brunnen in **Friedrichstadt**

**Tourverlauf:**
Friedrichstadt – Oldenswort – Tönning – Lunden – Friedrichstadt

**Auskunft:**
Tourist Information Friedrichstadt
Am Markt 9, 25840 Friedrichstadt
Tel. 0 48 81 - 93 93 0
E-Mail: info@friedrichstadt.de
www.friedrichstadt.de

**Gesamtlänge der Tour: 42,3 km**

## Grachten, historischer Handelshafen und Geschlechterfriedhof

### Friedrichstadt – Oldenswort – Tönning – Lunden – Friedrichstadt

Von Friedrichstadt mit seinem holländischen Charakter führt die Tour durch die Eidermarsch nach Tönning. Der Ort bietet eine sehenswerte Altstadt mit Schlosspark, Marktplatz, Kirche, Brunnen und Glockenspiel. Einen Rundgang am historischen Hafen mit dem alten Packhaus, in dem sich heute ein kleines Museum befindet, sollte man sich nicht entgehen lassen. Wer sich für das Leben im Meer und besonders im Wattenmeer vor unserer „Haustür" interessiert, dem sei ein Besuch des Multimar Wattforums empfohlen. Anschließend führt die Radtour über die Eiderbrücke nach Dithmarschen, wo in Lunden der einzige Geschlechterfriedhof der ehemaligen Bauernrepublik erhalten geblieben ist.

## Unterwegs entdecken

**Warft Tofting**
Die Warft stammt aus dem 4. Jh. und war bis 1885 bewohnt.
Die etwa 5 ha große und bis 5 m über NN aufragende Warft Tofting liegt in der Nähe eines alten Eiderlaufes. 100 n. Chr. ließen sich erstmals Menschen auf hoher und unbedeichter Marsch nieder. Das letzte bäuerliche Anwesen, ein Haubarg, brannte 1885 ab.

**Friedrichstadt**
Beschreibung siehe Seite 85

**Tönning**
Beschreibung siehe Seite 119

**St.-Laurentius-Kirche** in Lunden
Die ältesten Teile der Kirche stammen aus dem 12. Jahrhundert. Durch den Anbau des gotischen Chores 1471 erhielt die Kirche ihre ungewöhnlichen Proportionen.

**Geschlechterfriedhof** in Lunden
Familienverbände der Bauern prägten die Geschichte Dithmarschens. Von 1447 bis 1559 sogar als unabhängige Bauernrepublik. Der Lundener Geschlechterfriedhof ist als einziger seiner Art erhalten geblieben. Grabplatten und Stelen stammen überwiegend aus Bremer Steinmetzbetrieben und wurden auf dem Seeweg zum heute verlandeten Hafen Wollersum transportiert.

# Tour 15

**Friedrichstadt – Oldenswort – Tönning – Lunden – Friedrichstadt**

Ein Stadtplan von Friedrichstadt befindet sich auf Seite 83.

Vom Brunnen auf dem Marktplatz in **Friedrichstadt** 0,0 wenden wir uns nach links zum Alten Amtsgericht, biegen rechts ab, fahren von der Straße *Am Markt* geradeaus in die *Westermarktstraße* und an der T-Kreuzung vor der Treene links in die Straße *Am Binnenhafen* (Richtung Bahnhof). Bei 0,4 schwenken wir rechts in die *Tönninger Straße*, überqueren die Treene und fahren auf dem fahrbahnbegleitenden Radweg an der *Bahnhofstraße* geradeaus. Nachdem wir die Bahnglei-

se 0,7 passiert haben, biegen wir nach wenigen Metern links ab A, überqueren die Bundesstraße 202 und radeln weiter auf der Straße *Freesenkoog* in Richtung Tönning. (Der Radwegweiser steht etwas weiter an der Abzweigung nach Husum.) Der *Freesenkoog* geht nach 100 m in einen Spurplattenweg über. Nach einer Rechtsbiegung 2,6 fahren wir geradeaus über die Brücke am Schöpfwerk Saxfähre 3,6. Hier gab es früher einen Fähranleger zur Eiderüberquerung. Die Schleuse entstand 1611 im Zuge der Freesenkoog-Eindeichung. An der Zufahrt zu einem Haus 3,7 fahren wir geradeaus, biegen an der T-Kreuzung bei 4,3 links ab und radeln an einer Räucherei vorüber. Auf dem *Süderdeich* fahren wir an den Abzweigungen bei 5,0 und 5,3 geradeaus, folgen der Rechtsbiegung 5,8 und fahren auf dem Deich auf ein Gehölz zu. Der Spurplattenweg windet sich um das Gehölz 6,1 herum und geht bei 6,6 in einen Asphaltweg über zum *Mitteldeich*. Wir passieren eine Schleusenanlage 7,7 neben einem Rastplatz mit schöner Aussicht über die Eider. Anschließend schwenken wir in **Reimersbude** an der Keramikwerkstatt nach rechts, rollen den Deich hinunter und fahren geradeaus bis zur B 5 8,4. Diese queren wir A vorsichtig und fahren geradeaus Richtung Witzwort. Bei 8,8 queren wir die Bahngleise am Haltepunkt Witzwort, fahren noch 500 m geradeaus und biegen an der Abzweigung 9,3 nach Oldenswort links ab in den *Niederweg*. An den nächsten fünf Abzweigungen 9,6, 10,3, 10,7, 12,6 und 12,7 fahren wir geradeaus, erreichen **Oldenswort** 12,8 und radeln auf dem *Niederweg* auf die ***Kirche*** zu. An der Abzweigung *Achter de Fenn* fahren wir geradeaus in die *Dorfstraße* und biegen gleich darauf an der abknickenden Vorfahrtstraße 13,2 links nach Tönning ab.

**Abstecher:**
Zur ***Kirche*** fahren wir noch 150 m geradeaus.

Nach 300 m biegen wir rechts in den *Königskampweg* ein (A kein Radwegweiser), kommen an der Schule vorbei, fahren an den rechts abzweigenden Straßen geradeaus und verlassen den Ort. Am Ortsrand steht ein Gedenkstein der Schlacht von 1252 auf dem Königskoog 14,0. An der T-Kreuzung bei 14,4 biegen wir links ab, fahren an der Abzweigung der Straße *Gunsbüttel* 14,9 einen Links-rechts-Schwenk und folgen dem Radwegweiser Richtung Heide.

Nach einer S-Kurve 15,3 biegen wir an der Vorfahrtstraße 15,9 rechts ab, schwenken nach 100 m links in die Straße *Tofting* und kommen bei 17,3 an der ***Warft Tofting*** vorüber. Die Warft stammt aus dem 4 Jh. und war bis 1885 bewohnt.

Wir queren die Bahngleise 17,8, folgen einer S-Kurve 18,8 und biegen gleich darauf rechts in den Spurplattenweg ein. An der nächsten T-Kreuzung 19,4 biegen wir links ab, queren die Unterführung der Bundesstraße 19,8 und erreichen auf dem *Grünen Weg* **Tönning**. An der Abzweigung der *Osterstraße* fahren wir geradeaus in die *Festungsstraße* und an der abknickenden Vorfahrtstraße 20,2 geradeaus in Richtung Husum/Heide. Auch an der nächsten abknickenden Vorfahrtstraße fahren wir geradeaus, bleiben auf der *Festungsstraße* und biegen an der folgenden T-Kreuzung rechts in den *Hochsteg* ein 20,4. Nach 100 m schwenken wir an der Kreuzung links in die Straße *Kattrepel* und nach weiteren 200 m rechts in die *Rademacher Straße* zur Kirche.

Vor der Rechtskurve zur *Twiete* steigen wir ab und schieben das Rad geradeaus an der ***Touristinformation*** vorüber zum ***Marktplatz*** 20,8 mit der ***Backsteinkirche*** und dem ***alten Brunnen***. Sehenswert ist auch das ***Glockenspiel*** an einem Treppengiebel.

Vom ***Brunnen*** gehen wir in Richtung ***Schlosspark***, biegen vor dem Park links ab in die Straße *An der Bootfahrt* und folgen den Wegweisern zum Historischen Hafen. An der nächsten Abzweigung 21,1 schwenken wir nach rechts, passieren ein Deichtor und fahren auf der linken Seite des ***historischen Hafens*** entlang. Um das Rad nicht eine Treppe hochtragen zu müssen, verlassen wir vor dem Wasser- und Schifffahrtsamt 21,7 den ausgeschilderten Radweg. Wir steigen ab, schieben das Rad auf dem gepflasterten Weg den Deich hinauf und treffen nach 100 m wieder auf den ausgeschilderten Radweg. Wir fahren geradeaus auf dem Fuß-/Radweg *Am Robbenberg* am ***Multimar Wattforum*** 22,0 vorüber.

A Bevor der Weg vom Deich hinunter zum Parkplatz 22,1 führt, verlassen wir den gepflasterten Weg, schieben das Rad durch das Gatter und gehen auf dem Grasweg auf einen Parkplatz mit Sanitärgebäude zu, passieren ein weiteres Gatter, biegen rechts in den fahrbahnbegleitenden Radweg der Bundesstraße ein und fahren über die ***Eiderbrücke***. Nachdem wir die

*Eider* überquert haben, schwenken wir nach rechts **23,5** und biegen nach 100 m an der Abzweigung Wesselburen/Lunden links nach Lunden ab. Wir queren die Unterführung der Bundesstraße **23,8** und schwenken bei **24,0** links in die Straße *Zur Fähre*. Nach einer Rechtsbiegung folgen wir dem gelben Radwegweiser nach Lunden **24,2** und biegen rechts ab. Mit einem Rechts-links-Schwenk **24,5** gelangen wir auf einen fahrbahnbegleitenden Radweg. A an der Abzweigung nach Büsum **25,0** wechselt der Radweg auf die rechte Fahrbahnseite.
An der Kreuzung Hemme/Lunden biegen wir links nach Lunden ab, fahren durch **Nesserdeich** immer am Deichfuß entlang, passieren das Schöpfwerk Nesserdeich **27,4** und schwenken bei **29,0** nach rechts.

**Abstecher:** Zur *Badestelle* Wollersum biegen wir links ab und passieren den Deich. Die Badestelle war einst der Hafen von Lunden, über den u. a. die Grabplatten auf dem Lundener Geschlechterfriedhof verladen wurden.

An der Weggabelung bei **29,3** halten wir uns rechts, erreichen **Lunden** und biegen bei **30,7** links in die *Wilhelmstraße* ein. Vor der *Kirche* mit dem *Geschlechterfriedhof* schwenken wir nach rechts, nach weiteren 50 m links und fahren auf dem rot gepflasterten Fuß-/Radweg der Hauptstraße in Richtung Friedrichstadt. An der Abzweigung der *Bürgermeister-Dr.-Rau-Straße* **32,0** fahren wir geradeaus, wechseln an der Ampel auf die gegenüberliegende Straßenseite und biegen links nach Preil ab. Nach 300 m schwenken wir rechts in die *Deichstraße*, kommen am Sportplatz vorüber und biegen an der nächsten Kreuzung **33,0**, dem Eider-Treene-Sorge-Radweg folgend, links ab. An zwei Abzweigungen fahren wir geradeaus, biegen an der folgenden T-Kreuzung **33,9** rechts ab, passieren ein Gehöft und schwenken an der nächsten Kreuzung **34,7** nach links. Auf der Straße *Westerbur* erreichen wir die T-Kreuzung neben einem Bahnübergang **35,8** und biegen noch mal links ab. In **Dammsdeich** schwenken wir vor dem Eiderdeich nach rechts in die Straße *Dammsdeich* **36,5** und queren die Unterführung der Bahngleise **37,2**. Anschließend radeln wir am Schöpfwerk Neuensiel **37,3**, am Helmshof **37,6** und der *Kirche* in **St. Annen** **38,1** vorüber. An der Kreuzung queren wir A die Bundesstraße **38,2** und schwenken links in den fahrbahnbegleitenden Radweg der B 5, fahren an der Abzweigung Tellingstedt geradeaus, überqueren die Eiderbrücke und schwenken nach links, dem Radwegweiser Friedrichstadt Zentrum folgend. Anschließend queren A wir vier Fahrspuren der B 202, biegen in den fahrbahnbegleitenden Radweg der *Tönninger Straße* ein, halten uns an der nächsten Abzweigung in **Friedrichstadt** rechts **41,7** und folgen dem Radweg. An der Abzweigung nach Seeth **42,0** fahren wir geradeaus und gelangen über die *Ostermarktstraße* wieder zu unserem Ausgangspunkt am Marktplatz.

# Tour 16

**Ausgangspunkt:**
Hafenstraße (Binnenhafen) in **Husum**

**Tourverlauf:**
Husum-Simonsberg – Roter Haubarg – Husum

**Auskunft:**
Tourismus und
Stadtmarketing Husum GmbH
Großstraße 27
25813 Husum
Tel. 0 48 41 - 8 98 70
E-Mail: info@husum-tourismus.de
www.husum-tourismus.de

**Gesamtlänge der Tour: 29,4 km**

## Zum Roten Haubarg

### Husum – Simonsberg – Roter Haubarg – Husum

Vom Binnenhafen in Husum führt die Tour zur Finkhaushallig. Ab dort radeln wir auf dem Treibelpfad am seeseitigen Deichfuß bis nach Lundenbergsand. In Simonsberg erreichen wir das Naturschutzgebiet Wester-Spätinge. Im Sommerhalbjahr werden von der NABU-Schutzhütte vogelkundliche Führungen angeboten. In Uelversbüll lohnt sich ein Besuch der Dorfkirche, zu deren Inventar eine Taufe von 1400 zählt. Auf der Rückfahrt kommen wir am Roten Haubarg (Restaurant und Landwirtschaftsmuseum) vorüber. Von diesem mächtigen Haustyp gab es über 400 auf Eiderstedt. Heute sind nur noch etwa 50 erhalten und nur zwei, darunter der Rote Haubarg, sind der Öffentlichkeit zugänglich. Zum Abschluss der Tour lädt Husum mit seinen zahlreichen Sehenswürdigkeiten noch zu einem Stadtbummel ein.

## Unterwegs entdecken

**Husum**

Beschreibung siehe Seite 79

Ein Stadtplan von Husum (inkl. der Sehenswürdigkeiten) befindet sich auf Seite 105.

**NSG Wester-Spätinge**

Ein Teich, ausgedehnte Flachwasser- und Röhrichtgebiete bilden das 27 Hektar große Naturschutzgebiet. Über 40 Vogelarten brüten hier. Neben einer großen Kolonie Lachmöwen brüten in diesem Gebiet Löffelente, Rohrammer, Rohrdommel, Rohrweihe und die seltene Trauerseeschwalbe und Bartmeise.

**Roter Haubarg**

Der Rote Haubarg ist leuchtend weiß mit einem großen Reetdach. Seinen Namen hat er von einem Vorgängerbau, der hatte ein rotes Dach und wurde 1759 durch einen Brand zerstört. Der jetzige Bau stammt von 1795. Das Eiderstedter Zimmer (der Pesel) mit Delfter Kacheln und einer Einrichtung aus dem 18. Jahrhundert stammt vom „Kleihof" bei St. Peter-Ording. Diele und Pferdestall beherbergen heute das Landwirtschaftsmuseum und in den ehemaligen Wohnräumen, jetzt Café und Restaurant, werden lokale Köstlichkeiten serviert.

**St.-Nikolai-Kirche in Uelversbüll**

Der klassizistisch-neugotische Bau stammt aus dem 19. Jahrhundert. Das historische Inventar ist jedoch wesentlich älter als der Kirchenbau. Die Taufe, die bedeutendste Steinmetzarbeit auf Eiderstedt, entstand um 1400 in Namur, auch Triumphkreuzgruppe und Epitaph sind älter als die Kirche und stammen aus dem 16. Jahrhundert.

# Tour 16

## Husum – Roter Haubarg – Husum

Ein Stadtplan von Husum (inkl. der Sehenswürdigkeiten) befindet sich auf Seite 105.

Ausgangspunkt dieser Tour ist der ***Binnenhafen*** in **Husum** (Hafenstraße/Ecke Kleikuhle) nahe der Klappbrücken 0,0. Wir folgen der *Hafenstraße* in Richtung Innenstadt bis zum Ende der Hafenmole 0,3, schwenken dort nach rechts und fahren am ***Schifffahrtsmuseum*** vorüber 0,4. Bei 0,7 queren wir an der Kreuzung die *Gaswerkstraße*, fahren geradeaus durch die Bahnunterführung und biegen nach wenigen Metern rechts in die *Simonsberger Straße* ein 0,8. Auf dem fahrbahnbegleitenden Radweg radeln wir an einigen Zufahrtstraßen zum Hafen vorüber und passieren bei 2,7 den Binnendeich zur **Finkhaushallig**. Nach weiteren 300 m schwenken wir rechts in die Straße *Rieke Reesch*, fahren durch die Siedlung immer geradeaus bis zum Deich, halten uns vor der Deichtreppe links 4,0, radeln zum Deich hinauf und befinden uns nun auf der Südseite der Husumer ***Seeschleuse***. Nachdem wir das Gatter auf der Deichkrone passiert haben, rollen wir zur seewärtigen Deichseite hinunter und biegen am Deichfuß in den ersten Weg ein 4,1. (Der zweite Weg an der Mole endet als Sackgasse.) Wir folgen mit einer weiten Linksbiegung dem asphaltierten Treibelweg am seewärtigen Deichfuß und radeln bei 5,1 an einem Deichübergang vorüber. Rechter Hand befindet sich hinter den Salzwiesen ein Spülfeld. Nachdem wir das nächste Gatter passiert haben 5,7, endet das Spülfeld. Wir können nun unseren Blick über die Salzwiesen und das Wattenmeer bis nach Nordstrand schweifen lassen. Nachdem wir ein Schöpfwerk und die ***Badestelle* Lundenbergsand** 7,6 passiert haben, endet der Treibelpfad. Wir radeln den Deich hinauf und gelangen zu einem Parkplatz 8,3 mit Infotafeln des Nationalpark-Service und Umgebungskarten. Hier halten wir uns rechts, radeln am landseitigen Deichfuß am Hotel Lundenbergsand vorüber und fahren bei 9,8 an der Einmündung des *Dwarsweges* geradeaus. Nach einer Linksbiegung erreichen wir die *Dorfstraße* in **Simonsberg**. Diese queren wir mit einem Rechts-links-Schwenk. Rechts endet die *Dorfstraße* nach 100 m am Buswendeplatz. Von dort führt ein Zugang zum Wattenmeer. Wir fahren weiter am Deichfuß entlang, passieren ein Schöpfwerk und erreichen das ***Naturschutzgebiet Wester-Spätinge*** mit einer Infohütte 11,6. Anschließend radeln wir zwischen Deich und Naturschutzgebiet hindurch, überqueren bei 12,3 den Deich, der den Adolfskoog vom Uelversbüllerkoog trennt. Hier halten wir uns links und folgen dem Weg am Fuß des Binnendeichs. Bei 12,7 schwenken wir vor einem Wirtschaftsweg nach rechts, verlassen den Deichweg und biegen an der nächsten Kreuzung 13,4 links ab (rechts führt die Straße zur Badestelle Uelversbüll).

**Abstecher:**
Zur Kirche in Uelversbüll fahren wir geradeaus und erreichen nach 900 m die ***Backsteinkirche St. Nikolai*** auf der rechten Seite gleich hinter dem Deich.

Bei 14,1 passieren wir einen Deich, verlassen den Uelversbüllerkoog und erreichen **Porrendeich**. Wir folgen der Straße *Porrendeich*, radeln in einem weiten Bogen um einige Teiche herum 14,8 und fahren an der Abzweigung *Bueerweg* geradeaus. In **Sandkrug** schwenken wir links in den fahrbahnbegleitenden Radweg der Landesstraße in Richtung Simonsberg 16,4 und kommen nach 200 m an der Zufahrt zum ***Roten Haubarg*** (Restaurant und ***Museum***) vorüber. An der Abzweigung *Haimoordeich* folgen wir mit einer Linksbiegung dem *Mühlendamm* 16,8. A Bei 17,9 endet der fahrbahnbegleitende Radweg. Wir queren den *Mühlendamm*, fahren geradeaus in die Straße *Karkenfenn* bis zum Wendeplatz 18,2 und schwenken dort, den Radwegweisern folgend, zweimal nach rechts. Anschließend folgen wir dem Radweg am Deichfuß Richtung Husum 18,4, radeln an einigen Auffahrten zum Deich vorüber. An einer Deichauffahrt 19,2 führt der Radweg weiter am Deichfuß entlang und zwängt sich zwischen Haus und Deich hindurch. Schließlich führt der Radweg in einem Linksbogen den Deich hinauf und endet dort 19,6. Wir queren die *Dorfstraße* und fahren geradeaus Richtung Finkhaushallig. A fahrbahnbegleitender Radweg auf der linken Straßenseite. An der Abzweigung zum Hotel Lundenbergsand fahren wir geradeaus, passieren bei 20,5 den Binnendeich, der den Simonsbergerkoog vom Finkhaushalligkoog trennt, und radeln anschließend an der **Padelackhallig** vorüber 21,8. An der Abzweigung Lundenbergsand fahren wir geradeaus 22,6, folgen bei 22,9 der Rechtsbiegung der Hauptstraße (nicht geradeaus in den *Finkhorsweg* fahren) und erreichen bei 23,9 die Abzweigung der Straße *Rieke Reesch*, an der wir auf der Hinfahrt eingebogen sind. Jetzt radeln wir geradeaus weiter und fahren auf der gleichen Strecke wie auf dem Hinweg nach Husum zurück.

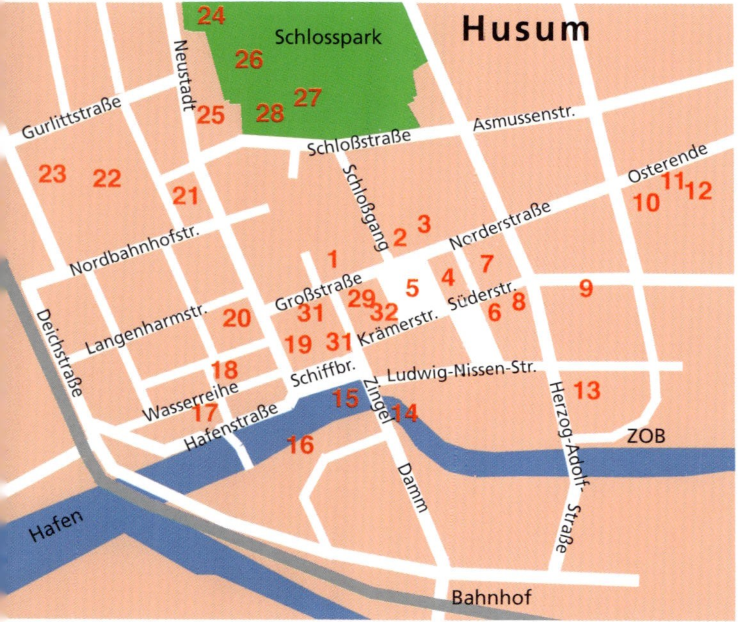


1 Rathaus von 1601, Tourist-Info
2 Markt 1 und 3, Herrenhäuser
3 Markt 9, Geburtshaus von Theodor Storm
4 Marienkirche
5 Tine-Brunnen
6 Süderstraße 6, Königliches Gymnasium
7 Süderstraße 13, Wohnhaus von Hermann Tast (1490–1551)
8 Süderstraße 12, Wohnhaus Storms (1864–1866)
9 Süderstraße 42, Schützenhof
10 Osterende 2, Scharfrichterei
11 St.-Jürgen-Friedhof (Grab der Familie Storm)
12 Osterende 18, Gasthaus zum Ritter St. Jürgen
13 NordfrieslandMuseum Nissenhaus
14 Schifffahrtsmuseum Nordfriesland
15 Binnenhafen mit alter Schleuse
16 Slipanlage der alten Werft
17 Hafenstraße, (Kultur-) Speicher
18 Wasserreihe 13, Storm-Haus (Museum)
19 Hohle Gasse 3, Elternhaus Theodor Storms
20 Hohle Gasse 8, Stammhaus der Familie Woldsen
21 Neustadt 56, Wohnhaus Storms
22 Neustädter Friedhof, Grab der Eltern Theodor Storms
23 Ostenfelder Bauernhaus
24 Wasserturm
25 Kavaliershaus
26 Storm-Denkmal von Adolf Brütt
27 Schloss vor Husum
28 Torhaus (1612)
29 Großstraße 30, Patrizierhaus
30 Großstraße 18, Wernersches Haus
31 Twiete/Schiffbrücke, Haus von J. Christian Feddersen
32 Aquis-Submersus-Haus

# Tour 17

**Ausgangspunkt:**
Tourist-Information an der Dünen-Therme in **St. Peter-Bad**

**Tourverlauf:**
St. Peter-Ording – Westerhever – Tating – St. Peter-Ording

**Auskunft:**
Tourismuszentrale St. Peter-Ording
Maleens Knoll 2
25823 St. Peter-Ording
Tel. 0 48 63 - 99 90
E-Mail: info@tz-spo.de
www.st-peter-ording.de

**Gesamtlänge der Tour: 43,0 km**

## Ein Leuchtturm wie im Bilderbuch

### St. Peter-Ording – Westerhever – Tating – St. Peter-Ording

Von der Dünen-Therme in St. Peter-Ording führt die Tour zwischen Dünen und Wattenmeer hindurch zum „Hafen" der Strandsegler in Ording. Anschließend fahren wir um die Tümlauer Bucht. Sie ist neben dem Königshafen auf Sylt die einzige Bucht im schleswig-holsteinischen Wattenmeer. Nachdem wir den kleinen Tümlauer Bootshafen passiert haben, wechselt der Weg zur seeseitigen Deichseite. Wir können nun unser Ziel, den rot-weiß geringelten Leuchtturm von Westerhever, schon sehen. Am Leuchtturm befindet sich auch ein naturkundliches Infozentrum der Schutzstation Wattenmeer. Wer nach so viel Natur noch etwas Kultur sehen möchte, dem sei ein Besuch der Kirchen in Westerhever und Tating empfohlen. Außerdem lohnt sich in Tating eine Besichtigung des Hochdorfer Gartens.

## Unterwegs entdecken

**Westerhever**
**St.-Stephanus-Kirche**
Der Turm ist der älteste auf Eiderstedt und stammt von 1370. Der heutige Kirchenbau entstand erst 1804. Die Sandstein-Taufe aus dem 12. Jahrhundert gilt als die älteste Eiderstedts.

**Leuchtturm Westerheversand**
Der 1907 erbaute Leuchtturm sendet sein Licht aus 41,5 Metern Höhe auf das Meer. Er dürfte der meistfotografierte in Deutschland sein und kann besichtigt werden. Informationen und Eintrittskarten gibt es nur im Servicegebäude am Parkplatz vor dem Deich (Tel. 04865-1206).
Besichtigungszeiten bitte erfragen.

**Tating**
St. Magnus in Tating ist die älteste Kirche Eiderstedts. Der älteste Teil stammt von 1103. Das historische Inventar stammt überwiegend aus dem 15. bis 17. Jahrhundert. Im Vorraum befindet sich ein Grabstein des Eiderstedter Stallers Sievertsen.

**St. Peter-Ording**
Beschreibung siehe Seite 113

# Tour 17

## St. Peter-Ording – Westerhever – Tating – St. Peter-Ording

Von der Tourist-Information an der ***Dünen-Therme*** in **St. Peter-Bad** 0,0 schwenken wir nach rechts, kommen am Wellness-Zentrum vorbei und biegen rechts in die Fußgängerstraße *Am Kurbad* 0,1 ein. Hier schieben wir das Rad, queren die Promenade sowie den Deich und biegen an der Buhne vor der ***Seebrücke*** rechts in den Fuß-/Radweg ein, der zwischen Dünen und Sandbank hindurchführt. Nachdem wir den „Hafen" der Strandsegler passiert haben, biegen wir an der Abzweigung Ording Strand 1,7 rechts in den *Strandweg* Richtung Ording ab, queren den Dünenstreifen, fahren an der Abzweigung zum Wetterdienst 2,0 geradeaus und schwenken vor dem Deich 2,2 links in den Radweg nach Ording. Am Strandzugang von

Ording fahren wir geradeaus über den Deich 3,3 (**A** Vorsicht, die schmale Straße dient als Überfahrt zum Strandparkplatz.) Am Deichfuß halten wir uns links und folgen der Straße *Norderdeich*. Bei 5,5 radeln wir an einer Auffahrt zum Deich sowie der Abzweigung *Grundeweg* geradeaus und passieren ein Gatter. Wir radeln weiter auf dem Weg *Norderdeich* an einem Feuchtgebiet mit dichten Röhrichtfeldern vorüber. Am Wegrand stehen zwei Unterstände 5,8 und 6,5, von denen man die Vögel ungestört beobachten kann.

Anschließend fahren wir zum Deich hinauf 6,9 und halten uns an der Abzweigung auf der Deichkrone links (diese Abzweigung erreichen wir wieder auf unserer Rückfahrt). Wir fahren weiter am landseitigen Deichfuß durch den Tümlauer-Koog und passieren zwei Gatter. An der Deichauffahrt zum kleinen ***Hafen*** 9,3 lohnt sich ein kleiner Abstecher zur Deichkrone. Anschließend fahren wir weiter am landseitigen Deichfuß entlang, kommen am Siel Tümlauer-Koog vorüber und fahren an der Auffahrt zum Deich 9,8 geradeaus. Bei 10,6 passieren wir ein Gatter, fahren an der Kreuzung links über den Deich und schwenken am seeseitigen Deichfuß 10,9 rechts in den Treibelpfad.

Wir folgen dem weiten Linksbogen des seeseitigen Deichweges, fahren an einer Deichauffahrt vorbei und passieren am Schöpfwerk Süderheverkoog 12,9 zwei Gatter. Wir bleiben auf dem seeseitigen Deichweg, fahren an zwei Deichübergängen 14,1 und 15,6 vorüber und erreichen den alten *Ziegelweg* zum Leuchtturm 16,0. Dieser schmale Weg darf nur von Fußgängern als Einbahnweg vom Leuchtturm zum Deich benutzt werden! Wir fahren am Deichübergang zum Parkplatz Westerhever vorüber und schwenken nach wenigen Metern links in den Weg zum Leuchtturm 16,4.

Info: Wer den Leuchtturm besuchen möchte, bekommt die Eintrittskarten nur im Servicegebäude am Parkplatz vor dem Deich. Dort befindet sich auch ein Kiosk und WC. An der Abzweigung zur Badestelle 17,0 biegen wir links ab.

**Abstecher:**
Zum Strand und zum Watt 200 m geradeaus weiterfahren.

Bei 17,6 passieren wir eine kleine Holzbrücke und erreichen nach einer letzten Linkskurve den ***Leuchtturm Westerhever*** 18,3. In einem der beiden Häuser befindet sich ein Naturzentrum der Schutzstation Wattenmeer. Die Schutzstation bietet auch Watt- und Salzwiesenführungen an.

Nach einer wohlverdienten Rast unterm Leuchtturm und vielleicht einem Abstecher zum Strand fahren wir zum Deich zurück. Vor dem Deich queren wir mit einem Rechts-links-Schwenk den seeseitigen Deichweg 20,2, den wir auf der Hinfahrt benutzt hatten, und fahren über den Deich. Am landseitigen Deichfuß passieren wir ein Gatter, fahren noch ein paar Meter geradeaus, biegen rechts in den *Ahndelweg* ein und radeln an der Abzweigung *Leikenhusen* 20,5 geradeaus am Parkplatz (mit Kiosk und WC) vorüber.

An der Kreuzung *Süderweg* 21,6 radeln wir vom Ahndelweg geradeaus in die *Dorfstraße*, fahren in **Westerhever** an der ***Kirche*** 22,3 vorüber und queren den Ort auf der Dorfstraße. An der Abzweigung *Siekweg* fahren wir geradeaus von der *Dorfstraße* in die *Westerheverstraße*, passieren die Straße *Sieversbüll* 23,4 und biegen gleich darauf rechts in die Kreisstraße nach St. Peter-Ording ab. Bei 24,1 radeln wir zum Deich hinauf, folgen auf der Deichkrone dem Radwegweiser nach rechts, passieren ein Gatter und schwenken vor dem Seedeich 24,4 in den Weg am landseitigen Deichfuß.

(Wer lieber an der Seeseite radeln möchte, fährt über die Deichrampe zum Treidelweg, auf dem wir auf der Hinfahrt geradelt sind.)

Wir passieren ein weiteres Gatter, kommen

am Schöpfwerk Süderheverkoog vorüber und überqueren den Deich zum Tümlauer-Koog 24,8. An der Weggabelung auf dem Deich halten wir uns links, fahren weiter am landseitigen Deichfuß. An der Wegkreuzung 26,7, an der wir auf der Hinfahrt zum seeseitigen Deichfuß gewechselt hatten, biegen wir jetzt vor dem Gatter links ab und radeln über die Brücke Richtung Tating. Nach 300 m geht der Spurplattenweg in einen Asphaltweg über. An der Kreuzung *Koogstraße* 27,3 fahren wir geradeaus auf der *Tatinger Straße* in Richtung Tating, passieren eine Stöpe (Deichtor) 28,3 und verlassen den Tümlauer-Koog.

An zwei Abzweigungen 28,6 und 28,8 fahren wir geradeaus und biegen wenige Meter hinter dem Ortsschild Tating an der ersten Kreuzung 29,7 rechts in die Straße *Hauert* ein.

**Abstecher:**
Zur *Kirche* in Tating fahren wir geradeaus auf dem fahrbahnbegleitenden Radweg, schwenken rechts in die *Norderstraße*, halten uns nach 100 m an der Weggabelung links und erreichen nach weiteren 200 m die Kirche.

Wir fahren auf dem Nordseeküstenradweg am nördlichen Ortsrand von Tating entlang, verlassen mit einer Rechtsbiegung den Ort 30,4 und kommen anschließend an einzelnen Häusern von Tohlendorf 31,4 vorüber. An der Weggabelung bei 32,0 halten wir uns rechts Richtung Ording, fahren an der Abzweigung 32,2 geradeaus und folgen der Linksbiegung des Hauptweges 33,5. Vor einer Sackgasse folgen wir dem Radwegweiser nach links 34,1 und biegen bei 34,9 vom *Koogsweg* rechts in die Vorfahrtstraße ein. An der Abzweigung vor dem Deich 35,4 fahren wir geradeaus den Deich zum Tümlauer-Koog hinauf, biegen auf der Deichkrone links ab 35,6 und erreichen vor dem Seedeich die Abzweigung Westerhever/St. Peter-Ording, an der wir auf der Hinfahrt nach Westerhever abgebogen waren 35,8. Jetzt halten wir uns links und fahren den selben Weg in umgekehrter Richtung nach St. Peter-Ording zurück.

**Ausgangspunkt:**
Leuchtturm in **St. Peter-Böhl**

**Tourverlauf:**
St. Peter-Böhl – Vollerwiek – Eidersperrwerk – Welt – Garding – St. Peter-Böhl

**Auskunft:**
Tourismus-Zentrale St. Peter-Ording
Maleens Knoll 2
25826 St. Peter-Ording
Tel. 0 48 63 - 99 90
E-Mail: info@tz-spo.de
www.st-peter-ording.de

**Gesamtlänge der Tour: 43,2 km**

## Vom Leuchtturm zum Eidersperrwerk

**St. Peter-Böhl – Vollerwiek – Eidersperrwerk – Welt – Garding – St. Peter-Böhl**

Vom Böhler Leuchtturm führt die Tour auf dem seeseitigen Weg vor dem Deich entlang. Wir kommen am kleinen Bootshafen Ehstensiel und an der Badestelle in Vollerwiek vorüber, bevor wir das Eidersperrwerk mit seinen mächtigen Fluttoren erreichen. Wer sich über die Tier- und Pflanzenwelt im Watt und dem eingedeichten Katinger Watt informieren möchte, dem bietet das NABU-Zentrum Katinger Watt reichlich Gelegenheit. Die Rückfahrt führt über Welt, Garding und Kating. Die Kirche in Welt ist bekannt für ihre Sommerkonzerte, und neben den Kirchen von Garding und Tating ist ein Besuch des Hochdorfer Gartens zu empfehlen.

## Unterwegs entdecken

**St. Peter-Ording**
Das „Markenzeichen von St. Peter-Ording ist der 12 Kilometer lange Sandstrand mit den unverwechselbaren Pfahlbauten.
Von den vier Ortsteilen hat jeder seinen eigenen Charakter.
Die Kirche in **Ording** musste schon zweimal dem Sand oder den Wellen weichen. Auch der Hafen liegt neben den Dünen auf dem Land. Es ist der „Ankerplatz" der Strandsegler.

**St. Peter-Bad** bietet den Gästen die Dünen-Therme und das Gesundheitszentrum mit Kuranwendungen und Wellnessangeboten.

**St. Peter-Dorf** ist der Mittelpunkt der vier Ortsteile. Hinter dem Marktplatz, auf dem mittwochs ein Wochenmarkt stattfindet, liegen die Kirche St. Peter und das Heimatmuseum.

**St. Peter-Böhl** bietet schmucke Reetdachhäuser. Sein Wahrzeichen ist der Leuchtturm aus dunkelrotem Backstein.
Am Ortseingang von Böhl liegt der Westküstenpark. Der Haus- und Wildtierpark begeistert nicht nur kleine Tierfreunde.

**Eidersperrwerk**
Das Sperrwerk ist eines der größten Küstenschutz-Bauwerke in Europa. Der Damm und das Sperrwerk erstrecken sich auf einer Länge von 4,8 km quer über die Eidermündung. Damit wurde die Eidermündung von 4800 m auf fünf Durchlassöffnungen mit je 40 m eingeengt. Bei Sturmflut können diese Öffnungen durch Schleusentore, jedes 400 Quadratmeter groß und 250 Tonnen schwer, geschlossen werden.

**Welt, Vollerwiek, Garding**
Beschreibung siehe Seite 123

Tour 18
Pfahlbauten
Ording
Tholendorf
28,0
31,5
29,0
Garding
24,4
26,1
33,6
Hochdorfer Garten
Tating
Golfplatz
St. Peter-Ording
22,9
35,5
Flugplatz
39,9
38,7
37,0
40,3
St. Peter-Dorf
Welt
20,5
St. Peter-Böhl
6,0
12,5/18,9
NABU Zentrum
Vollerwiek
0,0
Hafen
19,6
Süderhöft
Katinger Watt
11,1
Vollerwiekplate
15,7
Eidersperrwerk

## St. Peter-Böhl – Vollerwiek – Eidersperrwerk – Welt – Garding – St. Peter-Böhl

Ausgangspunkt ist der *Leuchtturm* in St. Peter-Böhl 0,0. Von hier fahren wir auf der Deichkrone zum Deichübergang des Strandparkplatzes St. Peter-Böhl 1,1, queren den Deichübergang und folgen dem Radwegweiser zum Eidersperrwerk (A unebener Plattenweg). Bei 1,8 führt der Radweg von der Deichkrone zum seeseitigen Deichfuß. An zwei Deichübergängen fahren wir vorüber, passieren ein Gatter, halten uns an der Weggabelung vor dem kleinen *Hafen* 6,0 links und fahren zur Deichkrone hinauf. Dort passieren wir zwei weitere Gatter, radeln an der Abzweigung nach Garding 6,2 geradeaus am Siel vorüber und rollen wieder zum seeseitigen Deichfuß hinunter. Schon bald enden die Salzwiesen zu unserer Rechten, und die Lahnungen reichen bis an den Deich heran.
Nachdem wir drei weitere Gatter passiert haben und an zwei Deichauffahrten vorübergefahren sind, gelangen wir zur bewachten *Badestelle* mit Strandkörben von Vollerwiek 11,1. An der Badestelle folgen wir der Rechts- und Linkskurve des Deichweges, passieren ein weiteres Gatter sowie zwei Deichauffahrten 11,4 und 12,0.
Wer nicht zum Eidersperrwerk radeln möchte, schwenkt bei 12,5 nach links und überquert den Deich. Wir kommen nach dem Besuch des Sperrwerks bis zu dieser Abzweigung zurück.
Zum Eidersperrwerk fahren wir hier geradeaus am seeseitigen Deichfuß weiter, bis der grüne Deich in einen Asphaltdeich übergeht. Dort fahren wir zur Deichkrone hinauf und können bis zum Eidersperrwerk 15,7 auf der Deichkrone weiterfahren.

**Alternative:**
Am landseitigen Deichfuß halb links halten und an der Kreuzung nach Kating rechts in den fahrbahnbegleitenden Radweg zum Eidersperrwerk einbiegen. (Wer das NABU-Zentrum Katinger Watt besuchen möchte, fährt an der Kreuzung geradeaus und folgt nach 50 m dem Wegweiser zum Naturzentrum mit Kräutergarten nach rechts.)

Anschließend fahren wir auf der Deichkrone (oder auf dem fahrbahnbegleitenden Radweg am Deichfuß) 3,2 km zurück, schwenken zum landseitigen Deichfuß hinüber, biegen links in die Straße *Wagenak* nach Welt ein und biegen an der T-Kreuzung *Dorfstraße/Welter Chaussee* 19,6 rechts in die *Welter Chaussee* ein.

**Abstecher:**
Zur *Kirche* in Vollerwiek biegen wir links in die *Dorfstraße* ein, und wir erreichen sie nach 300 m.

Bei 20,5 queren wir A die Vorfahrtstraße von St. Peter-Ording zum Eidersperrwerk und fahren geradeaus auf dem fahrbahnbegleitenden Radweg nach Welt.
Den Ort queren wir auf der *Dorfstraße* und radeln an der *Kirche* 20,8 vorüber. Durch

ihre Sommerkonzerte ist die Kirche weit über die regionalen Grenzen hinaus bekannt.

An einem Spurplattenweg 21,7 sowie an der Einfahrt zu einem Haubarg 22,4 fahren wir geradeaus und biegen gegenüber der Zufahrt zur Seegartengalerie (laut Homepage geschlossen) rechts in die Straße *Hülkenbüll* 22,9. Bei 23,2 schwenken wir links in den *Langerackweg*, queren die Bahngleise in **Garding** und biegen links in den fahrbahnbegleitenden Fuß-/Radweg der *Süderstraße* 24,4 ein. Wir queren A die *Süderstraße* 24,6, biegen rechts in die *Fischerstaße* zur Touristinformation ein und gelangen zur ***Kirche***. Vor der mit Linden umrahmten ***Kirchwarft*** halten wir uns links, umfahren die Warft und schwenken links in die *Norderstraße*. An deren Ende 25,1 biegen wir links Richtung Tating in den *Norderring* (Nordseeküstenradweg) ein, queren A bei 25,3 die *Poppenbüller Straße* (Vorfahrtstraße) und radeln geradeaus auf dem *Norderweg* durch ein Neubaugebiet. Wenige Meter nach dem Ortsschild **Kirchspiel Garding** 26,1 biegen wir rechts in den *Kirchkoogweg* ein und fahren am Stadtwald entlang. An der Abzweigung eines Wirtschaftsweges folgen wir der Linksbiegung der Asphaltstraße 26,3, biegen rechts in den *Marneweg* ein 26,5 (Spurplattenweg) und schwenken an der nächsten Abzweigung 26,9 nach links.

Wir fahren geradeaus bis zur Vorfahrtstraße 28,0, queren diese mit einem Rechts-links-Schwenk und radeln weiter auf einem Sandweg, der bei 28,3 in einen Spurplattenweg übergeht. An der T-Kreuzung 29,0 verlassen wir den Nordseeküstenradweg, biegen links ab (weiter Spurplattenweg), halten uns vor dem Landhaus Ole Steen 30,1 rechts (ab jetzt Asphaltweg) und fahren an der nächsten Abzweigung 30,5 geradeaus. Nach einer Linkskurve der Straße *Lokert* biegen wir rechts in den fahrbahnbegleitenden Radweg der *Dorfstraße* 30,8 ein, schwenken bei 31,0 rechts in die *Koogstraße* (Richtung Westerhever) und fahren an der *Norderstraße* 31,2 geradeaus.

**Abstecher:**

Zum ***Hochdorfer Garten*** fahren wir die *Dorfstraße* noch ein Stück geradeaus und biegen dann links ein.

Zur ***Kirche*** links in die *Norderstraße* einbiegen.

Am Ende des fahrbahnbegleitenden Radweges 31,5 biegen wir links in die Straße *Hauert* in Richtung St. Peter-Ording ab, verlassen mit einer Rechtsbiegung den Ort und kommen an verstreut liegenden Häusern von Tholendorf 33,0 vorüber. Bei 33,6 biegen wir links ab in Richtung St. Peter-Dorf, queren A die B 202 34,3, fahren geradeaus Richtung Flugplatz, kommen am Golfplatz vorüber und folgen bei 34,6 dem Wegweiser links zum Flugplatz. Anschließend queren wir die Bahngleise 34,6, kommen am Flugplatz 35,3 vorüber und schwenken rechts in den fahrbahnbegleitenden Radweg der *Wittdüner Allee* (A

Radweg auf der linken Fahrbahnseite). Wir radeln am Galeriecafé Richardshof 36,4 und an der Abzweigung zum Westküstenpark vorbei und fahren am Kreisverkehr 38,7 in den Fuß-/Radweg der *Dorfstraße* (Einbahnstraße in umgekehrter Richtung). An der Kreuzung *Pestalozzistraße* fahren wir geradeaus weiter auf der *Dorfstraße* in Richtung Touristinformation. 100 m hinter dem ***Bernsteinmuseum*** (Nr. 15) halten wir uns an der Weggabelung bei der Sparkasse 39,6 links, biegen am Markt noch mal links in die Straße *Am Südstrand* ein 39,8.

**Abstecher:**
Zur ***Kirche*** und zum ***Heimatmuseum*** biegen wir am Marktplatz rechts in die *Olsdorfer Straße* ein. Zum Tourist-Service und zur Schutzstation Wattenmeer schwenken wir am Marktplatz rechts in die *Schulstraße*.

Hier überqueren wir den Deich 40,3, biegen direkt vor der Zufahrt zum Strand links in den Radweg am seeseitigen Deichfuß ein und queren nach 100 m einen Reitweg. Bei 42,8 radeln wir am ***Leuchtturm Böhl*** vorüber, schwenken nach 200 m zur Deichkrone hinauf, biegen dort links ab und erreichen unseren Ausgangspunkt am ***Leuchtturm***.

# Tour 19

**Ausgangspunkt:**
Parkplatz am Multimar Wattforum in **Tönning**

**Tourverlauf:**
Tönning – Eidersperrwerk – Katinger Watt – Tönning

**Auskunft:**
Touristinformation Tönning
Am Markt 2
25832 Tönning
Telefon: 0 48 61 - 6 14 20
Mail: info@toenning-tourismus.de
www.toenningtourismus.de

**Gesamtlänge der Tour: 24,3 km**

## Um das Katinger Watt

**Tönning – Eidersperrwerk – Katinger Watt – Tönning**

Vom Multimar Wattforum in Tönning führt die Tour zum historischen Hafen mit dem alten Packhaus. Auf dem Eiderdeich radeln wir an einer Badestelle vorüber, kommen durch Olversum und biegen zum Katinger Watt ab. Auf dem Schafberg, auf dem früher die Schafe bei Sturmfluten Schutz fanden, steht heute ein Aussichtsturm. Anschließend radeln wir durch Wald- und Feuchtgebiete des Katinger Watts zum Eidersperrwerk, eines der größten Wasserbauwerke Europas. Es ist beeindruckend zu sehen, wie die Gezeitenströme durch die Fluttore strömen. Etwa 50 Millionen Kubikmeter Wasser fließen bei jeder Tiede in die Eider bzw. wieder hinaus. Auf dem Deich fahren wir weiter zum Naturzentrum Katinger Watt. Dort informiert eine Ausstellung über die Eindeichung der Eider und deren Auswirkung.

## Unterwegs entdecken

**Katinger Watt**

In einer verträumten Gartenidylle informiert die Ausstellung in der Nationalpark-Station im Lina-Hähnle-Haus über Vergangenheit und Gegenwart der Eidermündung, die extremen Veränderungen durch den Bau des Eidersperrwerks und das Entstehen des Katinger Watts in seiner heutigen Beschaffenheit. Naturfreunde finden hier ein Nordseeaquarium, Informationen über die zu beobachtenden Vogelarten, eine Bibliothek, Fernglasverleih und Naturfilme. Der Lehrgarten mit Pflanzen der Salzwiese, Duft- und Kräutergarten sowie Fühlpfad bietet eine interessante und entspannte Atmosphäre.

**Tönning**

Der Ort mit dem historische Hafen von 1613 war einst wichtiger Handelsplatz. Durch den Bau des Schleswig-Holstein-Kanals von Kiel-Holtenau bis zur Untereider lag Tönning am Nordseeeingang des Kanals, der die Nordsee mit der Ostsee verband. 1895 verlor der Hafen durch den Bau des Nord-Ostsee-Kanals seine Bedeutung.

Gemütliche Fischerhäuser und das alte Packhaus prägen das Bild rund um den Hafen. Sehenswert ist auch der Marktplatz mit Brunnen, Glockenspiel und Kirche. Daneben befindet sich das Schloss, in dem das Nationalparkamt sein Domizil hat. Zur Hauptattraktion des Ortes hat sich jedoch die Erlebnisausstellung im Multimar Wattforum entwickelt.

**Eidersperrwerk**

Beschreibung siehe Seite 113

### Tönning – Eidersperrwerk – Katinger Watt – Tönning

Ausgangspunkt ist der Parkplatz am ***Multimar Wattforum*** in **Tönning** 0,0. Von dort folgen wir den Wegweisern den Deich hinauf zum Multimar Wattforum, schwenken vor dem Eingang nach rechts und bleiben auf dem Weg *Am Robbenberg*. Wo der Radwegweiser nach links zu einer Treppe zeigt 0,3, steigen wir ab und schieben das Rad geradeaus am Wasser- und Schifffahrtsamt vorüber. Nach 100 m biegen wir vor dem ***historischen Hafen*** rechts ab, fahren an der Pier entlang und sehen auf der gegenüberliegenden Hafenseite das alte Packhaus, in dem sich heute ein kleines Museum befindet. Wir überqueren die Fußgängerbrücke 0,7, schwenken nach links und fahren geradeaus bis zum *Deichweg* am Eiderufer. Hier biegen wir an einem roten Schuppen rechts ab und kommen am Standort des historischen Krans 1,3 vorüber, mit dem früher Wasserflugzeuge an Land gehoben wurden. Schließlich verlassen wir den *Deichweg* 1,7, fahren mit einem Rechts-links Schwenk vor einem Hotel den Deich hinunter, radeln an der ***Badestelle*** vorbei, queren den Deich 2,3, biegen links ab und folgen der *Deichgrafen-*

*straße*. In **Groß Olversum** 4,0 biegen wir rechts in den *Deichgrafenweg* ein, nach 150 m links in den *Schäferweg* (Vorfahrtstraße) 4,5, verlassen **Groß Olversum** in Richtung Kating und biegen links zum Katinger Watt 5,3 ab. Vor dem Deich fahren wir an der Abzweigung des Radweges nach Kating 5,4 geradeaus. Auf diese Abzweigung treffen wir wieder auf der Rücktour.

Wir passieren den Deich, fahren auf dem knickgesäumten Radweg Richtung Eidersperrwerk und radeln an einem Siel vorüber 6,0. Bei 6,7 fahren wir neben dem Schafberg an einer weiteren Abzweigung nach Kating geradeaus. Links führt ein Weg an einer Schranke vorbei zum Leitdamm der Eider. Der Schafberg ist ein künstlich geschaffener Hügel. Vor der Eindeichung diente er bei extremem Hochwasser den Schafen als Rückzugsgebiet, weil die alte, bis zu 2 km entfernte Deichlinie nicht immer erreichbar war.

Auf dem fahrbahnbegleitenden Radweg kommen wir an einem Rastplatz mit Unterstand vorüber und radeln durch Wald- und Feuchtgebiete mit Teichen. Wir kommen am Siel 9,1 und einer Gaststätte 10,6 vorüber. Bei 10,7 queren wir A die Straße zum Eidersperrwerk und biegen rechts ab.

**Abstecher:** Zum ***Eidersperrwerk*** biegen wir links ab (200 m).

Wir können nun auf der Deichkrone des betonierten Deiches (weiter Blick übers Wattenmeer) oder auf dem fahrbahnbegleitenden Radweg fahren und passieren den Zugang zum ***Naturbeobachtungsturm*** 12,1.

Wer auf der Deichkrone gefahren ist, verlässt bei 13,7 den Deich, biegt rechts ab (Wegweiser Katinger Watt), folgt anschließend dem Grasweg und schwenkt links 13,8 in den fahrbahnbegleitenden Radweg.

An der Kreuzung 14,1 biegen wir rechts Richtung Tönning ab, nach 50 m noch mal rechts (Radwegweiser) und erreichen das ***Naturzentrum Katinger Watt*** 14,5. Nach einer Linksbiegung 14,6 radeln wir auf dem Deich am ***Katinger Watt*** entlang, fahren an einem Wanderweg geradeaus und biegen an der Weggabelung 15,5 rechts ab. An der Abzweigung der *Schmeerstraße* 16,3 fahren wir weiter geradeaus auf dem Deich und folgen der Straße *Am Watt*.

An den drei folgenden Abzweigungen fahren wir ebenfalls geradeaus, verlassen den Deich 18,0, biegen an der Vorfahrtstraße in **Kating** links und nach 50 m rechts in die Straße *Am Deich* ein (Richtung Tönning).

**Abstecher:** An der Abzweigung nach Tönning fahren wir geradeaus zur Kirche (ca. 300 m).

Nach 200 m geht der Asphaltweg in einen Spurplattenweg über, der neben dem Deich entlang führt. Bei 19,7 erreichen wir die Abzweigung, an der wir auf der Hinfahrt geradeaus gefahren sind, jetzt biegen wir links in den fahrbahnbegleitenden Radweg ein, schwenken an der T-Kreuzung 19,8 rechts in den *Schäferweg* und fahren das letzte Stück nach Tönning auf dem selben Weg wie auf der Hinfahrt zurück.

# Tour 20

**Ausgangspunkt:**
Parkplatz neben der Kirche in **Tating**

**Tourverlauf:**
Tating – Osterhever – Garding – Welt – Tating

**Auskunft:**
Tourist-Information
und Stadtbücherei Garding,
Am Markt 26
25836 Garding
Tel. 0 48 62-4 69
E-Mail: urlaub@garding.de
www.garding.de

**Gesamtlänge der Tour: 40,6 km**

## Sieben-Kirchen-Tour

### Tating – Osterhever – Garding – Welt – Tating

Von der Kirche St. Magnus in Tating führt die Tour durch Felder und Wiesen zur St.-Martin-Kirche in Osterhever. In Poppenbüll steht neben der Kirche der Nachbau eines Vier-Ruthen-Bergs. Er gilt als Vorläufer des Haubargs. In Garding, dem Ort des Nobelpreisträgers Theodor Mommsen, erreichen wir die Kirche St. Christian, eine in der Gotik eingewölbte zweischiffige Hallenkirche. Wir folgen dem Nordseeküstenradweg bis Katharinenheerd, wo es die kleine Backsteinkirche mit dem hölzernen Turm zu entdecken gibt. Anschließend radeln wir zur St.-Michael-Kirche in Welt, die für ihre Sommerkonzerte bekannt ist. Bevor wir den Seedeich erreichen, können wir noch einen Abstecher zur Kirche St. Martin in Vollerwiek unternehmen.

## Unterwegs entdecken

**St. Magnus in Tating**
Beschreibung siehe Seite 107

**Hochdorfer Garten**
Die barocke Gartenanlage mit Obstbäumen und einer romantischen Ecke ist ganzjährig geöffnet.

**St. Johannes in Poppenbüll**
Um 1113 entstand das spätromanische Langhaus, dem ein gotischer Chor angebaut wurde. Einzigartig auf Eiderstedt sind die Bankwangen aus dem 16. und 17. Jahrhundert.

**St. Martin in Vollerwiek**
Der 1113 entstandene Bau wurde im 19. Jahrhundert wesentlich erweitert.

**St. Christian in Garding**
Die 1109 erbaute Kirche wurde in der Gotik eingewölbt und zur zweischiffigen Hallenkirche umgestaltet. Die Kanzel von 1563 gilt als die älteste Eiderstedts. Südlich der Kirche steht das ehemalige zweite Pastorat, Geburtshaus des Nobelpreisträgers Theodor Mommsen.

**St. Katharina in Katharinenheerd**
Kleine Backsteinkirche aus dem 12. Jahrhundert. Der frei stehende Glockenturm entstand im 17. Jahrhundert.

**St. Michael in Welt**
Der Backsteinbau aus dem 13. Jahrhundert (Turm von 1908) ist heute kultureller Mittelpunkt der Gegend mit Sommerkonzerten, Ausstellungen und Vorträgen.

**St. Martin in Osterhever**
Die Kirche wurde um 1113 erbaut. Der ursprünglich romanische Bau wurde später, bis auf die Apsis, im gotischen Stil umgebaut.

# Tour 20

## Tating – Osterhever – Garding – Welt – Tating

Ausgangspunkt ist der Parkplatz an der *Kirche* in **Tating** 0,0. Vom Parkplatz schwenken wir rechts in die *Norderstraße*, fahren an der *Twiete*, am *Rendsburger Weg* und an der ersten Abzweigung *Drögfenne* geradeaus. An der zweiten Abzweigung *Drögfenne* 0,1 halten wir uns rechts, bleiben auf der *Norderstraße* und biegen nach 200 m links in den fahrbahnbegleitenden Radweg der *Koogstraße* ein. Der Radweg endet nach 300 m an der Kreuzung *Büttelweg/Hauert*. Hier biegen wir rechts in den *Büttelweg* nach Osterhever ein (Nordseeküstenradweg). An der nächsten Weggabelung mit einer Bauminsel 0,7 halten wir uns links und radeln an der versetzten Kreuzung 1,2, dem Radwegweiser folgend, geradeaus.

Vor einem einzelnen Gehöft fahren wir in der Linkskurve bei 1,6 an einem Spurplattenweg vorüber und verlassen hier den Nordseeküstenradweg. Bei 2,3 folgen wir vor einem Spurplattenweg der Rechtskurve des Asphaltweges, passieren eine kleine Brücke 2,6 und schwenken nach einer Linksbiegung 3,0 an der T-Kreuzung 3,4 nach rechts.

An der Vorfahrtstraße 3,8 biegen wir links ab, bei 4,9 noch mal links in den *St.-Johanniskoog-Ring* nach Westerhever und radeln an der Abzweigung *Neukruger Chaussee* 5,5 geradeaus. Wir kommen am Dorfkrug Poppenbüll 5,8 vorüber, radeln an der Abzweigung bei 6,2 geradeaus, folgen dem Radwegweiser 6,6 nach links in den *Heverkoogweg* und fahren an der Wegkreuzung 6,9 geradeaus auf dem *Heverkoogweg*.

An dessen Ende 8,4 biegen wir rechts in die *Westerheverstraße* ein und schwenken an der Landesstraße links in Richtung Oldenswort

8,9. Nach 100 m biegen wir an der Abzweigung rechts in die *Dörpstraat* ein und in **Osterhever** 9,4 rechts in den *Klosterweg* nach Garding.

**Abstecher:**
Zur *Kirche* fahren wir noch etwa 300 m geradeaus.

Nach wenigen Metern fahren wir am *Kölbsieler-Weg* geradeaus und nach einer Rechtsbiegung an einer kleinen Verkehrsinsel 9,9 nochmal geradeaus in einen Spurplattenweg.
Bei 10,3 halten wir uns an der Weggabelung rechts, schwenken an der nächsten T-Kreuzung 10,5) links in den Asphaltweg und biegen hinter einem kleinen Siel 10,7 rechts in einen Sandweg ein.
In **Klerenbüll** biegen wir links in den *Klerenbüller Weg* 11,3 ein, fahren am *Schockenbüller Weg* 10,5, am Marschkoog 12,1 und an der *Blauen Reihe* 12,4 geradeaus.
An der Wegkreuzung am Ende eines kleinen Gehölzes 12,6 geht der *Klerenbüller Weg* in den *Johannisweg* über. Hier biegen wir links in den *Osterdeich* ein.

**Abstecher:**
Zur *Kirche in* Poppenbüll fahren wir geradeaus in den *Johannisweg* und biegen an der T-Kreuzung in **Poppenbüll** links in die *Dorfstraße* ein. Neben dem Kirchhof befindet sich ein Rastplatz mit einem Vierruthenberg, einem Vorläufer der Haubarge (1,1 km).

Nachdem wir ein kleines Haus passiert haben, biegen wir an der Kreuzung 14,3 rechts in die *Marschchaussee* (Vorfahrtstraße) ein, schwenken an der nächsten Abzweigung 14,7 nach links, fahren über eine kleine Brücke in den Spurplattenweg *Nordermarsch* und an der nächsten Abzweigung 15,0 geradeaus.
Nach einer S-Kurve biegen wir links in den *Graureiherweg* 15,5 ein und folgen nach 100 m dem fast halbkreisförmigen Rechtsbogen des Spurplattenweges, der an einem Gehöft 16,2 in einen Asphaltweg übergeht. In **Garding** 16,5 radeln wir geradeaus an der Dreilandenhalle vorbei und biegen an der Kreuzung 16,8 links Richtung Husum ab (Nordseeküstenradweg).

**Abstecher** zur Kirche:
Mit einem Rechts-links-Schwenk fahren wir auf der *Johannisstraße* bis zur *Kirche* (300 m). Die Tourismuszentrale befindet sich neben der Kirche.

Bei 17,1 biegen wir links in den *Nordergeestweg* ein, fahren an den folgenden Abzweigungen geradeaus und verlassen **Garding**. An der Abzweigung *Galgenbergweg* 18,3 fahren wir geradeaus vom *Nordergeestweg* in den *Norderweg* und radeln auf diesem bis zur Vorfahrtstraße 20,3. Dort biegen wir rechts in den *Grandweg* ein, in **Katharinenheerd** rechts in die *Martje-Flohrs-Straße* (B 202) 20,6 und fahren am *Kirchenweg* geradeaus.

**Abstecher:**
Zur *Kirche* fahren wir links in den Kirchenweg, 100 m.

An der nächsten Abzweigung 21,1 queren wir die Martje-Flohrs-Straße, fahren links in den *Stolthusener Weg*, passieren die Bahngleise und verlassen **Katharinenheerd**.
Vom Stolthusener Weg 23,3 biegen wir rechts in den *Tönninger Weg* ein, radeln an der Abzweigung *Schmaler Weg* (zum Atelier Rungholt) 24,3 geradeaus, verlassen vor der Brücke 24,6 den ausgewiesenen Radweg und fahren weiter geradeaus.
In **Welt** fahren wir an der Abzweigung *Lühn* 26,5 geradeaus und schwenken gleich darauf links in den *Pastoratsweg*. Nach einer Rechtskurve erreichen wir die ***Kirche*** 26,9, biegen links in den fahrbahnbegleitenden Radweg der *Dorfstraße* ein, verlassen **Welt** und queren bei 27,2 die Straße vom Eidersperrwerk nach St. Peter-Ording. **A** nach 100 m endet der Radweg auf der linken Fahrbahnseite. Bei 28,1 biegen wir vor einer Rechtskurve links in die Straße *Wagenak* ein.

**Abstecher:**
Zur ***Kirche*** in **Vollerwiek** folgen wir der Rechtskurve und erreichen nach 100 m die Kirche.

Vor dem Seedeich 28,8 halten wir uns halb rechts, überqueren den Deich und schwenken am seeseitigen Deichfuß nach rechts. Nachdem wir an zwei Deichübergängen vorübergefahren sind und ein Gatter passiert haben, erreichen wir die ***Badestelle*** Vollerwiek 30,3. An der Badestelle befindet sich hinter dem Deich ein Kiosk.
Wir fahren weiter am seeseitigen Deichfuß entlang, radeln an zwei Deichübergängen vorüber und passieren drei Gatter. Vor dem kleinen ***Hafen*** von **Ehstensiel** 35,2 halten wir uns rechts, fahren zur Deichkrone hinauf, passieren ein weiteres Gatter, kommen am Siel vorbei und biegen an der Abzweigung auf der Deichkrone rechts in den Hafenweg nach Tating ab. An dessen Ende 36,8 biegen wir noch mal rechts in den fahrbahnbegleitenden Radweg der Landesstraße zum Eidersperrwerk ein, folgen an der nächsten Abzweigung 37,5 dem Radwegweiser nach Tating, queren **A** die Landesstraße und fahren links in den *Bohmarnweg*.
Bei 37,9 halten wir uns vor einer Sackgasse links, fahren an der Zufahrt zu einem Gehöft und an zwei Abzweigungen geradeaus, queren in **Tating** die Bahngleise 40,0 und fahren auf dem Weg *Düsternbrook* am *Hochdorfer Weg* geradeaus. Der *Hochdorfer Weg* führt zum gleichnamigen Garten.
50 m vor der *Dorfstraße* (B 202) halten wir uns rechts 40,4, schwenken gleich darauf in die *Dorfstraße*, folgen dieser noch 100 m, queren an der Abzweigung der *Norderstraße* **A** die *Dorfstraße* und erreichen wieder unseren Ausgangspunkt an der ***Kirche*** in **Tating**.

## Bildverzeichnis



Alle Fotos Horst-Dieter Landeck,
außer S. 57: Foto Barbara Post/Stefan Lipsky.